به نام مناسب‌ترین واژه‌ها

به رسم محبت به نام خدا

تقدیم به :

از طرف :

کیانا ۱

جهت استفاده بهتر

از کتاب " وقتی به دنیا اومدی "

www.ingramcontent.com/pod-product-compliance
Lightning Source LLC
Chambersburg PA
CBHW070426010526
44118CB00014B/1925
9780995833852

کتابچه یادداشت

از بارداری تا ۳ سالگی کودک

به قلم نغمه کشاورز

فهرست

بخش اول: اطلاعاتی از بسته خوشبختی.

- ثبت احساسات و حالات در هفته های مختلف بارداری.
- آمادگی قبل از آمدن بسته خوشبختی.
- زمانبندی.
- لیست اقدامات مورد نیاز.
- سه ویژگی شخصیتی که برای فرزندم می خواهم.

بخش دوم: وارد دنیای شگفت‌انگیز کودک شویم.

- احساس تعلق.
- کارکرد خاص و مهم بودن.
- سؤالات مؤثر.
- کارکرد مغز.
- تست خلق‌وخو.

بخش سوم: اقتدار مثبت.

- رفتارهای کودک و دلایل آنها.
- ارزیابی شیوه فرزند پروری والدین.
- تفاوت نیازها و خواسته ها.
- مهارت های اجتماعی.
- دلبستگی ایمن.

بخش چهارم: چگونه بااقتدار مثبت والدگری کنیم؟

- احساساتی که پشت رفتار هر کودک است.
- برنامه ریزی روالهای روزمره.
- سؤالات که باید برای شناخت کودکمان، از خودمان بپرسیم.
- تمرین پروانه ای به همراه تنفس.
- تمرین به آخرش نگاه کنید.

بخش پنجم: هنر انگیزه سازی

- سؤالات و تمرینات در زمینه احساس شرم، عجز و شک.
- هنر انگیزه سازی.
- تمرینات تفاوت تحسین یا تشویق.
- قدرت بهبود پذیری.

بخش ششم: فرزند کامل با مغز کامل

- تست هماهنگی مغز چپ و راست.
- فعالیت های خلاقانه که باعث رشد هماهنگ مغز می شود.
- تمرین تقویت حافظه.

بخش هفتم: پرورش هوش عاطفی یا EQ

- سؤالاتی درباره هوش هیجانی والدین.
- تمرینات ایی-کیو برای کودکان زیر یکسال.
- تمرینات ایی-کیو برای کودکان ۱ تا ۳ سال.

بخش هشتم: خوابیدن، خوردن، آموزش توالت

- خوابیدن .
  - تمرینات و سؤالات مربوط به خواب نوزاد.
  - چگونه به خوابیدن راحت‌تر آن‌ها کمک کنیم.
  - کارهای قبل از خواب.
- خوردن.
  - برنامه غذایی برای نوزاد
  - مشکلات بدغذایی.
  - اقدامات ما برای برطرف کردن بدغذایی.
- آموزش توالت.
  - انتظارات و اقدامات آموزشی.
  - مشکلات از پوشک گرفتن.
  - مشکلات آموزش توالت و ارتباط آن با شخصیت والد

بخش نهم: سخن آخر

- باهم بزرگ شویم.
- نقاط قوت.
- سه نکته مهمی که از این کتاب آموختید.

پیشگفتار

آرام کردن یک کودک، که در اواسط شب فریاد می‌کشد، نگرانی های مادر و پدر زمانی که گریه او قطع نمی شود. زمان هایی که از درد به خود می پیچد. گاهی که مریض می شود و تب او پایین نمی آید. زمانی که غذا نمی خورد. ، لحظاتی مانند این ها بسیار سخت‌تر از آن است که به نظر می‌رسد! مانند این لحظات در زندگی تمام مادران و پدران بسیار وجود داشته و دارد. سعی کنید به یاد داشته باشید که این سختی‌ها است که از ما **مادر** و **پدر** می‌سازد. در زندگی روزهایی هست که مادر و پدر هر کاری می‌کنند، نمی‌توانند بفهمند نوزادشان چرا ناآرامی می‌کند و دردش را نمی‌فهمند. نگران نباشید اگر این اتفاق بیفتد، کودک شما می‌فهمد که شما سعی می‌کنید درد او را بفهمید. به یاد داشته باشید: کودک شما برای رشد سالم و طبیعی به یک والد همه‌چیزتمام نیــاز ندارد، او به والدینی نیاز دارد که تلاش خودشان را می‌کند. مهم‌تر از همه، به یاد داشته باشید که پرورش کودکان یک سفر طولانی از شادی بی‌وقفه نیست و لحظات سخت و موقعیت‌های اذیت کننده هم دارد. توانایی شما برای پذیرفتن و مواجه‌شدن با این احساسات، به شما کمک می‌کند تا مسیر پیوند خود با فرزندتان را پیدا کنید. اما یادمان باشد که، احساسات طبیعی همیشه لذت‌بخش نیست.

کیانا چیست؟

کیانا واژه ایست که از حروف ابتدایی عبارت زیر برای راحتی شما درست‌شده است

"کتابچه یادداشتِ احساسات، نظرات و اقدامات"

طرز کار با کیانا ۱:

کیانا ۱ و یا **کتابچه یادداشت احساسات، نظرات و اقدامات** در کنار کتاب **"وقتی به دنیا اومدی"** معنی پیدا می‌کند. اگر هنوز کتاب **"وقتی به دنیا اومدی"** را نخوانده‌اید به شما پیشنهاد می‌کنم که ابتدا آن کتاب را بخوانید.

در کتاب "وقتی به دنیا اومدی" در هر فصل کتاب مطلبی تازه و راهکارهای مدرن فرزند پروری مناسب با کودک تازه به دنیا آمده تا کودک ۳ ساله را می‌خوانید.

بهترین کار خواندن هر فصل و برگشتن به کیانا و ثبت نظرات و اقدامات است. گاهی اوقات راهی که کتاب پیشنهاد می‌کند با راهی که ما می‌رویم یکی است و گاهی بسیار متفاوت. همه ما زمانی که شیوه‌مان را تغییر می دهیم، می‌خواهیم بدانیم از این تغییر چه نتیجه و یا نتایجی را دریافت می‌کنیم. در این صورت می‌توانیم، نتایج آنی و نتایج طولانی‌تر را در این کیانا بنویسیم. کیانا به ما کمک می‌کند که بدانیم چه روشی برای کودکمان مناسب تر است و چه نتایجی می‌دهد.

بهترین شیوه برای پرورش یک کودک موفق:

بهترین راه برای پیاده‌سازی شیوه‌های مدرن و کارآمد فرزند پروری، اقدام و یادداشت است. زمانی که مطلبی را می‌خوانیم تنها در مغز خود آن را نگه می‌داریم. اما ذهن بسیار سرکش و همین‌طور خلاق است و سعی می‌کند، همه‌چیز را تغییر دهد.

پیشنهاد انسان‌های بزرگ دنیا مانند **بنجامین فرانکلین**[۱]، **بیل گیتس**[۲] **و برایان تریسی**[۳] و بسیاری از بزرگان دیگر این است که نوشتن و تبدیل آنچه در ذهن است به کلمات، ذهن مارا به سمت استفاده از خلاقیت و برنامه‌ریزی و تصمیم‌گیری از روی منطق هدایت می‌کند و اما به قسمت سرکش ذهن نیز اجازه نمی‌دهد که در روند رشدمان دخالتی کند. بزرگان تاریخ، بسیاری از موفقیت‌هایشان را به دلیل نوشتن افکار، اقداماتشان و مرور، مطالعه و بررسی آن نوشته‌ها، می‌دانند.

کتابچه‌ای که در دست دارید با سال‌ها تلاش بی‌وقفه و پس از بررسی‌های علمی روانشناسی و رفتارشناسی طراحی‌شده است، همان‌گونه که پیش‌تر هم اشاره کردم نام این کتابچه، **کیانا** است که خلاصه نام **"کتابچه یادداشت احساسات، نظرات و اقدامات "** می‌باشد. این کتابچه به شما کمک می‌کند که بعد از خواندن هر بخش، به آن مراجعه کنید و نظرات خود را بنویسید. عمیقاً به موضوع بحث شده فکر کنید و خاطرات کودکی خود را نیز در کنار خاطراتی که با کودک خود دارید می‌توانید بنویسید. کیانا به شما کمک می‌کند که

---

[1] Benjamin Franklin
2 Bill Gates
3 Brian Tracy

اقدامات خود را برای به‌کارگیری، راهکارهای کتاب نیز بنویسید و نتایجی که دریافت می‌کنید را نیز یادداشت کنید.

زمان کودکی و نوزادی خود را به یاد می‌آورید؟ مطمئناً بسیاری از خاطرات یا وجود ندارد و یا فراموش‌شده‌اند. آیا دوست داشتید یک کتابچه خاطرات داشتید که در آن نوشته‌شده بود، چگونه بزرگ شدید و مادر و پدر شما در هرلحظه از پرورش شما چه احساسی داشتند و یا چه اقداماتی برای شما انجام دادند. مطمئناً بسیاری از ما از خواندن این جزئیات لذت می‌بردیم. حال بیاییم این گنجینه با ارزش را برای آینده‌ی کودک خود و برای خود تهیه کنیم.

در کتابی که با این کتابچه آمده است، یعنی کتاب " **وقتی به دنیا اومدی** ". در ابتدا کمی با روحیات کودک تازه به دنیا آمده و دنیای واقعی او آشنا می‌شویم و دلایل کارها و رفتارهایش را می‌شناسیم بسیاری از مواقع به دلیل اینکه نمی‌دانیم در ذهن او چه می‌گذرد نمی‌توانیم با او ارتباط خوبی برقرار کنیم، پس ابتدا عالم نوزادی را خوب می‌شناسیم سپس با چگونگی کارکرد مغز آشنا می‌شویم، شناخت مغز به ما کمک می‌کند که بتوانیم به کودکمان بیشتر نزدیک شویم تا او به ما اعتماد کند و بهتر بتواند دلایل حرف‌های ما را درک کند و به حرف‌هایمان گوش کند، دلیل بعضی از گریه‌ها و بهانه‌های بی‌وقفه‌اش را می‌توانیم بفهمیم و یاد بگیریم چگونه آن را به خنده تبدیل کنیم. در فصل‌های بعدی کتاب، به متدّ بسیار کارآمد فرزند پروری با اقتدار مثبت می‌پردازیم و می‌آموزیم که چگونه به یک والد بااقتدار مثبت تبدیل شویم. والدگری بااقتدار مثبت به ما کمک می‌کند بدون اینکه دعوا، گریه و ناراحتی در خانه باشد با فرزندمان ارتباط بگیریم در این خانه فرزندان از بازی و تعامل لذت می‌برند و والدین نیز خوشحالند و آرامش دارند.

پیشگفتار

در ادامه با مبحث هوش عاطفی آشنا می‌شویم تا بتوانیم به کودکانمان یاد دهیم که با شکست‌ها و مشکلات به‌عنوان یک فرصت برای پیدا کردن راه‌حل درست، روبرو شوند و یاد بگیرند به‌جای اینکه عصبانیت را با گریه و طغیان نشان دهند، به دنبال راه‌حل بگردند. سپس می‌آموزیم که چگونه یک والد کامل و یک فرزند دارای مغز کامل شویم. زمانی که بتوانیم کودکی با مغز کامل پرورش دهیم در آینده او می‌تواند به بهترین‌ها در هر زمینه‌ای دست یابد زیرا می‌تواند یاد بگیرد متمرکز باشد و از هوش و توانایی‌هایش به بهترین نحو استفاده کند. در آخر به مشکلات و راهکارهای معمول خوابیدن، خوردن و آموزش توالت می‌پردازیم. اینکه چرا برخی از کودکان نمی‌توانند خودشان بخوابند؟ چگونـه و کی آن‌ها را از شیر بگیریم؟ چرا بدغذا می‌شوند؟ و یا چگونه و کـی به آن‌ها آموزش توالت کردن دهیم؟

مادر و پدر عزیزی که برای مرتبه اول است که می‌خواهید طعم شیرین مادر شدن و یا پدر شدن را بچشید. شاید هم مرتبه اولتان نباشد، شما حتماً می‌دانید که این سفر چه پستی‌ها، بلندی‌ها و همین‌طور چه لذت‌هایی دارد. در هر دو صورت آغاز این سفر را به شما تبریک می‌گویم. در این کتابچه یادداشت که از اکنون برای راحتی به آن کیانا می‌گوییم، اقداماتی که برای فرزندمان انجام می‌دهیم و یا قرار است انجام دهیم را ثبت می‌کنیم.

ثبت این اقدامات به ما کمک می‌کند که بیشتر خودمان و فرزندمان را بشناسیم و در این مسیر یاد می‌گیریم که چگونه تغییراتی که به رفتارها و شیوه فرزند پروری خود خواهیم داد، در آرامش فرزندمان و خودمان تأثیر دارد و ما را کمک خواهد کرد.

کودکان باهم متفاوت‌اند، زمانی که اقدامات و نتایج آن را ثبت می‌کنیم، این مهم به ما کمک خواهد کرد که کودک خود را بشناسیم و او را بهتر هدایت کنیم. همین‌طور این

کتابچه برای فرزندان بعدی هم به ما کمک خواهد کرد و نه‌تنها اقدامات مثبت و منفی‌مان را که گاهی از یاد می‌بریم، به ما یادآوری می‌کند بلکه می‌تواند به‌صورت گنجینه‌ای از خاطرات بماند، که ما و همچنین کودکمان زمانی که بزرگ شد از ورق زدنش لذت ببریم.

تصویر عشق

بخش اول

بسته‌ای حاوی خوشبختی:

مادران و پدرانی که لحظه شگفت‌انگیز تولد فرزند را تجربه کرده‌اند، می‌دانند که آن لحظه یک‌لحظه‌ی بزرگ و فراموش‌نشدنی در زندگی است. زمانی که این **بسته خوشبختی** را به خانه می‌برند، (منظورم از بسته خوشبختی نوزاد است.) احساس متفاوتی با آنچه در زمان بارداری منتظرش بودند، دارند. **اکنون زندگی آن نوزاد به آن‌ها بستگی دارد.**

مشخص است که برنامه‌ریزی‌های زندگی، همه تغییر خواهد کرد، یکی از مهم‌ترین نکاتی که بهتر است بدانیم این است که زمان‌بندی‌های روزمره برای انجام کارها بعد تولد نوزاد، دیگر مانند قبل نخواهد بود و بسیار نسبت به قبل متفاوت می‌شود و نیاز به تخصیص دادن زمان بیشتر به هر کاری داریم.

اکنون‌که این کتابچه را در دست دارید، شما و یا همسرتان باردار هستید و یا به‌تازگی کودکتان به دنیا آمده است و یا زمان زیادی از لحظه‌ای که متوجه شدید باردار هستید، نگذشته است، پس بهتر است قبل از اینکه بعضی از خاطرات شیرین و یا شاید تلخ آن دوران را از یاد ببریم آن‌ها را ثبت کنیم:

نگران ثبت خاطرات ناراحت‌کننده نباشید حتی خاطراتی که کمی تلخ‌تر از بقیه هستند، می‌توانند زمانی به ما یادآوری کنند که در مسیر پرورش فرزند، صفت والای مادر و پدر به‌آسانی به دست نیامده است و این کتابچه را روزی اگر خواستید به کودک خود هدیه

دهید او نیز به میزان ارزشی که برایش قائل شدید، زحماتی که برای او کشیده‌اید و احساسات و دلواپسی‌هایتان پی خواهد برد و این می‌تواند بهترین هدیه زندگی او باشد. می‌دانید با گذشت زمان بسیاری از آن‌ها را به دست فراموشی می‌سپارید.

قسمت اول: بارداری

- تاریخ روزی که متوجه شدید شما یا همسرتان باردار شده‌اید؟

- لحظه‌ای که متوجه شدید باردار هستید (همسرتان باردار است)، چه احساسی داشته‌اید؟

- آیا بارداری‌تان (همسرتان) با خواسته خودتان بود یا ناخواسته بود؟

بخش اول - بسته‌ای حاوی خوشبختی

- حالتی و به طریقی که متوجه شدید را توضیح دهید؟ آیا تنها بودید و یا با همسرتان بودید و چه کردید؟ کاملاً با جزئیات شرح دهید؟

- آیا تاریخی که نطفه نوزادتان شکل گرفت را می‌دانید؟ اگر می‌دانید بنویسید؟

- ماه و سال احتمالی که فرزندتان به دنیا خواهد آمد؟

- احساس می‌کنید، دختردارید یا پسر؟ آیا از جنسیت آن آگاهید؟ دوست دارید دختر باشد یا پسر؟

کیانا ۱

- نام دکتر زنان و یا دکتری که برای معاینه به نزد او می‌روم یا همسرم نزد او می‌رود چیست؟ در اینجا اگر دوست دارید تاریخ‌هایی که به دکتر رفته‌اید و احساسی که داشتید را بنویسید؟

- در سونوگرافی لحظه‌ای که بار اول او را دیدید چه احساسی داشتید؟

بخش اول - بسته‌ای حاوی خوشبختی

- آیا برنامه غذایی دارید؟ برای دوران بارداری می‌دانید چه غذاهایی به رشد بهتر فرزندتان کمک می‌کند و چه غذاهایی به آرامش شما (همسر شما) کمک می‌کند؟

به‌طور مثال در دوران بارداری ویتامین ب و فولیک اسید، بسیار حیاتی است. برای همین من ماکارونی و کلم بروکلی را بیشتر می‌خورم.

- چه غذاها و یا کارهایی را به خاطر بارداری کنار گذاشتید؟(همسرتان کنار گذاشته است)

به طور مثال من هر روز قهوه می خوردم و آنرا بخاطر فرزندم کنار گذاشتم

کیانا ۱

- آیا صدای قلب فرزندتان را شنیده‌اید؟ چه احساسی داشته‌اید؟

-آیا در دوران بارداری دشواری و بیماری های به علت بارداری داشته‌اید و یا همسرتان داشته است؟

بخش اول - بسته‌ای حاوی خوشبختی

مادران: آیا وجودش را حس می‌کنید؟ حال مزاجی‌تان چطور است؟ ویار دارید؟ هوس خوردن چیزی دارید؟ چیزی هست که حال شما را بد کند مثل بو یا غذا؟ لطفاً برای هر دوره زمانی توضیح دهید؟

مادران و پدران: از چیزی ترس دارید؟

این قسمت برای ثبت حالات و احساسات طراحی شده است در دوران حاملگی، در هر دوره‌ای فکرها و احساسات متفاوتی برای مادر و پدر به وجود می‌آید ثبت آنها مطمئناً ارزشمند است. **احساس و حالات خود را در اینجا بنویسید؟**

هفته سوم تا نهم

در هفته نهم: سایز جنین (۲/۳ سانتی‌متر) وزن جنین (۲ گرم)

_____
_____
_____
_____
_____
_____
_____
_____

کیانا ۱

هفته نهم تا چهاردهم

در هفته چهاردهم: سایز جنین ۸/۷ سانتی‌متر و وزن جنین ۴۳ گرم است.

هفته پانزدهم تا بیستم

در هفته بیستم : سایز جنین ۱۶/۴ سانتی‌متر و وزن جنین ۳۰۰ گرم است

بخش اول - بسته‌ای حاوی خوشبختی

هفته بیست و یکم تا بیست و هفتم

در هفته بیست و هفتم: سایز جنین ۳۶ سانتی‌متر و وزن جنین ۹۷۵ گرم است.

هفته بیست و هشتم تا سی و چهارم

در هفته سی و چهارم: سایز جنین ۴۶ سانتی‌متر و وزن جنین ۲۰۸۰ گرم است.

کیانا ۱

هفته سی و پنجم تا زایمان
در هفته آخر: سایز جنین ۵۱-۴۶ سانتی‌متر و وزن جنین حدود ۳۲۵۰ گرم است.

آمادگی قبل از آمدن بسته خوشبختی:

باید خودمان را از قبل آماده کنیم:

همه ما می دانیم که نوزادان یکی از مصرفی ترین افراد جامعه هستند، از پوشک گرفته تا شیشه شیر، از لباس گرفته تا تب سنج و بعضی از این لوازم بسیار ضروری است. نوزادان چون بسیار سریع بزرگ می شوند، احتیاج به تهیه لباسهای سایز بزرگتر و لوازم مناسب با سن شان هم سریعتر پیش می آید. از طرف دیگر زمانی که نوزاد پا به دنیای ما می گذارد به دلیل مشغله هایی که برای مادر بوجود می آید، فرصت برای خرید و تهیه لوازم پیدا نمی کند. پس بهتر است، از قبل برای این مهم آماده باشیم و لوازم مورد نیاز را بنویسیم. ضروری ها و غیر ضروری ها را جدا کنیم. می توانیم در این راه نظرات مادران تازه را بپرسیم. و نهایتاً با سلیقه خود لوازم مورد نیازی که باید تهیه کنیم را مشخص کنیم. و زمانی که آنرا تهیه کردیم، مقابل آن علامت بزنیم.

لیست لوازم موردنیاز فرزندمان یا به عبارت دیگر سیسمونی: اگر آن را دارید و یا تهیه کردید، علامت بزنید؟

_____   _____   _____
_____   _____   _____
_____   _____   _____
_____   _____   _____
_____   _____   _____
_____   _____   _____
_____   _____   _____

کیانا ۱

به وب‌سایت فرزندراه رجوع کنید و در بخش بارداری اطلاعات کامل دریافت کنید:

www.farzandrah.ir

بخش اول- بسته‌ای حاوی خوشبختی

بسیاری از لوازم را می‌توانید از دوستان و اقوامی که به‌تازگی بچه‌دار شده‌اند، امانت بگیرید.

لیست لوازمی که زمان زایمان باید به بیمارستان باید ببرم. بهتر است از ۷ ماهگی ساک وسایل را آماده کنید؟ ما که نمی‌دانیم، شاید نوزادمان کمی درآمدن به دنیای ما عجول باشد!

کیانا ۱

زمان‌بندی و برنامه ریزی:

یکی از مهم‌ترین نکاتی که باید بدانیم و آمادگی‌اش را داشته باشیم این است که قبل از آمدن نوزاد به خانه زمان‌بندی‌های روزمره، برای انجام کارها دیگر مانندِ قبل نخواهد بود، بسیار متفاوت می‌شود؛ و نیاز به تخصیص دادن زمان بیشتر به هر کاری داریم:

برای برنامه‌ریزی به اقدامات زیر توجه کنید:

- بعضی از کارها را قبل از به دنیا آمدن نوزاد، می‌توانیم انجام دهیم.
- بعضی از کارها را می توانیم به اطرافیانمان بسپاریم.
- قبل از تولد فرزندمان با همسرمان در تقسیم مسئولیت‌های خانه به تفاهم برسیم.

لیست کارهای ضروری و غیرضروری خانه را بنویسید:

غیرضروری ها آن‌هایی هستند که می‌توانیم به مدت ۲ یا ۳ سال آن را انجام ندهیم و یا انجامش را به شخصی دیگر واگذار کنیم.

مثال: من هر ۶ ماه یکبار ترشی درست می‌کنم اکنون‌که نوزاد کوچکی دارم تصمیم می‌گیرم به مدت ۳ سال ترشی درست نکنم یا خورشت سبزی آماده بخرم.

لیست کارهای غیرضروری

بخش اول- بسته‌ای حاوی خوشبختی

_____
_____
_____
_____
_____
_____
_____

لیست کمک‌هایی که از اقوام و آشنایان می‌توانیم بگیریم را بنویسم (یک مادر کامل همیشه زمانی که هنوز مادر نشده به دوستانش در زمینه های مختلف کمک می‌کند و اکنون می‌تواند برای بعضی از کارهای کوچک از آن‌ها کمک بطلبد.)

مثال: می‌توانم از مادرم بخواهم که هفته‌ای یکبار از فرزند من مراقبت کند تا من به کلاس یوگا بروم و یا از دوستم خواهش کنم هر بار برای خودترشی درست می‌کند یک شیشه هم به من بدهد.

_____
_____
_____
_____
_____

کیانا ۱

باهمسرمان در مورد کارهایی که می‌تواند با ما همکاری کند صحبت کنیم و در مورد تصمیمات بالا و همچنین زمان آماده کردن فهرست‌ها از او کمک بگیریم.

اقدامات ضروری جهت رشد شخصیت کودک و ارتباط و آرامش مادر:
آیا باید برای اینکه کودک موفق و شادی پرورش دهم باید آموزش ببینم؟

لیست اقداماتی که در جهت رشد شخصیت او قرار است انجام دهید را تهیه کنید و در اینجا بنویسد:

مثال: هرماه در یک سمینار و یا کلاس آموزشی شرکت می‌کنم و ماهی یک کتاب می‌خوانم و یا یک برنامه آموزش آنلاین تهیه می‌کنم مانند فرزند موفق + والدین خوشحال

بخش اول - بسته‌ای حاوی خوشبختی

لیست کتاب‌هایی که قرار است بخوانم و یا خوانده‌ام:

وقتی به دنیا اومدی ✓

- سمینارها و کارگاه‌هایی که شرکت کرده‌ام یا قرار است شرکت کنم:

- لیست محصولات، مانند محصولات صوتی و تصویری که تهیه کرده‌ام:

بسیاری از نکات آموزشی را می توانید در وب سایت فرزند راه به صورت رایگان در بخش مدرسه پدر و مادری بخوانید.

www.farzandrah.com/category/parentsschool

کیانا ۱

بهترین سؤالی که اکنون باید از خود بپرسیم این است که:

" من واقعاً برای فرزندم چه می‌خواهم؟"

فرض کنید اکنون کودک شما ۲۲ ساله شده است و شما روی ردیف اول صندلی سالن بزرگ دانشگاهی که او درس می خواند، نشسته‌اید و منتظر هستید که نام او را صدا کنند و مدرک فارغ التحصیلی‌اش را بدهند. در پوست خود نمی‌گنجید و احساس می‌کنید زحمات شما به ثمر رسیده است. اکنون که او را صدا می‌کنند و از افتخارات تحصیلی و رفتاری همچنین فعالیت‌های اجتماعی فرهنگی او می‌گویند. شما به عنوان پدر و مادر، دوست دارید که چه شخصیتی و چه ویژگی‌هایی را بشنوید، که فرزند شما دارا باشد؟

لطفاً دست‌کم سه ویژگی بارز را بنویسید: (لطفاً از کلمات کلی، مانند خوشبخت استفاده نکنید)

۱- ....

۲- ....

۳- ....

پارامترهای شخصیتی مانند باعزت نفس بودن، متکی‌به‌خود بودن، مسئولیت‌پذیری، شجاعت، صداقت، شفقت داشتن، انعطاف‌پذیری و یا انگیزه داشتن

حال فکر کنید آیا این سه ویژگی ممکن است نیاز واقعی فرزند شما هم باشد؟

....

....

بخش اول- بسته‌ای حاوی خوشبختی

آیا این سه ویژگی خواسته‌های دست نیافته شما برای خودتان نیستند؟(اگر هست، سعی کنید به ویژگی های بیشتری فکر کنید):

....
....
....

بهترین اقدامات و یا تغییرات که برای رساندن فرزندتان به هرکدام از این پارامترهای شخصیتی انجام دهید چیست؟ پارامترهای را دوباره بنویسید و اقدامات را در زیر آن بنویسید؟

۱- ....

اقدامات

....
....
....

۲- ....

اقدامات

....
....
....

کیانا ۱

۳- ....

اقدامات

_____

_____

می‌توانید سه ویژگی که برای کودک خود می‌خواهید را برای ما به آدرس ایمیل

info@farzandrah

ارسال کنید و راهکارها و اقداماتی که برای رسیدن به اهدافتان نیاز دارید را برایتان ارسال می‌کنیم.

برای خواندن مطالب آموزشی می‌توانید به وب‌سایت فرزندراه مراجعه کنید:

بارکد برای ورود به کتاب وقتی به دنیا اومدی و کیانا:

http://farzandrah.com

بخش اول- بسته‌ای حاوی خوشبختی

آرزوی قلبی و احساس قلبی‌تان چیست؟

در این صفحه برای کودک خود بنویسید و او را مخاطب قرار دهید؟

من از صمیم قلب آرزو می‌کنم که تو

بخش دوم

وارد دنیای شگفت‌انگیز کودک شویم

در بیشتر کتابچه‌های خاطرات فقط مسائلی مانند قد و وزن کودک و یا تاریخ اولین باری که دندان درآورده است، ثبت می‌شود؛ و اما **احساسات و عواطف** ما درجایی ثبت نمی‌شود در بخش هفتم هوش هیجانی در کتاب "وقتی به دنیا اومدی" بسیار به اهمیت شناخت عواطف پرداخته‌شده است حتی در عکس‌ها و فیلم‌ها نیز این احساسات ثبت نمی‌شود اما بسیار مهم هستند. **کیانا** اولین کتابچه خاطراتی است که احساسات و عواطف نیز در آن ثبت می‌شود.

احساس تعلق:

احساس تعلق و یا احساس پذیرفته شدن به‌عنوان یک عضو.
این همان احساسی است که همه ما انسان‌ها در ارتباط‌هایمان دوست داریم، متعلق به گروه‌های مختلف باشیم از خانواده گرفته تا کار، دوستان و حتی عضویت‌های مختلف. کودکان ما نیز به دنبال این هستند که در ابتدا به جامعه کوچک مادر و پدر و سپس به دسته‌های بزرگ‌تر تعلق داشته باشند و هویت‌سازی کنند. عضو بودن در یک خانواده، فامیل، دوستان، کلاس، مدرسه، گروه کاری، گروه ورزشی، حتی عضویت در باشگاه مشتریان برای هر انسان این احساس تعلق داشتن را ارضاء می‌کند. شرکت بزرگ‌های بزرگ دنیا، از

بخش دوم - وارد دنیای شگفت انگیز کودک شویم

این واقعیت که احساس تعلق که یکی از نیازهای بزرگ بشر است، برای رسیدن به اهدافشان به‌خوبی استفاده می‌کنند و از این شیوه با به وجود آوردن باشگاه‌های عضویت، مشتریان بیشتر جذب می‌کنند و حال ما به‌عنوان پدر و مادر با درک این نیاز از سمت نوزادمان می‌توانیم بفهمیم که کجا و کدام رفتارش جهت دستیابی به احساس متعلق بودن است و یا اینکه چه کنیم که این نیاز انسانی او برآورده شود.

- احساس خود را نسبت به دستیابی به این حس بنویسید؟

- آیا من احساس تعلق می‌کنم؟

- کدام گروه و جامعه اعم از کوچک یا بزرگ در زندگی اکنون من وجود دارد که احساس می‌کنم به آن متعلق هستم؟

- آیا در بچگی، در خانواده و مدرسه به من این احساس تعلق داده شد؟

- کدام رفتار پدر و مادرم این احساس را در من بیشتر می‌کرد؟

کیانا ۱

- کدام رفتار پدر و مادرم در من احساس **متعلق** و **عضو مهم** از خانواده بودن را کم می‌کرد؟

_____
_____
_____

- اکنون برای اینکه کودکم حس کند به خانه و خانواده متعلق است، چه اقداماتی باید انجام دهم؟ کدام‌یک از رفتارهای پدر و مادر و معلم‌هایم را بهتر است انجام دهم و کدام را انجام ندهم؟

_____
_____
_____
_____
_____
_____

احساس مهم، خاص و مثمر به ثمر بودن:

احساس مهم، خاص و مثمر به ثمر بودن، این نیاز، از نیازهای بسیار بنیادینی است که هر انسان از بدو تولد به دنبال دستیابی به آن است. کودک برای رسیدن به احساس مهم بودن با حرف ما مخالفت می‌کند و یا با خواهر و برادرش می‌جنگد، به دنبال این است که **جایگاهی** در خانه داشته باشد که متعلق به فرد دیگری نیست. کارهایی بتواند انجام

بخش دوم - وارد دنیای شگفت انگیز کودک شویم

دهد که هیچ‌کس دیگر نمی‌تواند انجام دهد و می‌خواهد تصمیماتش فقط مخصوص او باشد.

آیا من احساس **مهم بودن و خاص بودن** می‌کنم؟

‌

کی و کجا وجود من **خاص و مهم** است؟

‌

آیا در بچگی به من **احساس مهم بودن** داده شد؟

‌

‌

کدام رفتار پدر و مادرم این احساس را در من بیشتر می‌کرد؟

‌

‌

‌

کدام رفتار پدر و مادرم در من احساس مفید بودن و مثمر ثمر بودن را کاهش داد؟

‌

‌

‌

- اکنون برای اینکه کودکم حس کند، مفید است و جایگاه خاصی دارد، چه اقداماتی باید انجام دهم؟ چه اقداماتی بهتر است انجام ندهم؟

این مثال مربوط به کودکی خودم است، برای اینکه به سؤالات بالا راحت‌تر پاسخ دهید این مثال را آوردم: در کودکی مادرم بسیار در مقابل اقوام رودربایستی داشت و هر کاری من و خواهرم می‌کردیم، ما را دعوا می‌کرد و مرتب کلمه زشتِ را بکار می‌برد. مثلاً زشتِ پاهایت را دراز نکن! زشته، خاله که به خانه ما می‌آید، تو دست در شیرینی نکن! زشته زشته این باعث شد من احساس کم‌ارزشی در مقابل دیگران کنم. تصمیم گرفتم به فرزندم این کلمه را نگویم و به او یاد بدهم همان‌قدر که خاله‌ات برای ما ارزش دارد تو هم داری و اگر کاری خوب نیست، همیشه خوب نیست چه خاله و دیگران باشند و چه نباشند و خوب بودن یا بد بودن هر کاری دلیلی دارد و دلیل اش را برایش توضیح دادم

احساس مفید بودن: اگر این احساس به اندازه کافی به کودک داده نشود، شروع به طغیان، گریه، لجبازی و خرابکاری می‌کند و دلیل بسیاری از رفتارهای کودک نو پا، رسیدن به دو احساس است. خبر خوب این است که کودکان مانند برنامه‌های کامپیوتری قابل برنامه‌نویسی هستند و ما می‌توانیم با تغییر در راه و روشمان به کودکمان این دو احساس را بدهیم، رسیدن به این دو احساس به کودک ما انگیزه زندگی می‌دهد و باعث شادکامی و سلامت او می‌شود حال ما با دانستن این دو نیاز مهم، چگونه می‌توانیم به پرورش کودکمان کمک کنیم؟

اقداماتی که باید انجام دهم که کودکم بداند مفید است و جایگاه خاصی دارد:

گام اول: سؤالات مؤثر.

برای اینکه فرزندی موفق پرورش دهید، حتماً اهدافی دارید. دلیل اینکه وقت می‌گذارید و این کتابچه را کامل می‌کنید جزء اهداف شماست. شاید با پرورش کودک خود به مشکلاتی برخورده‌اید و یا نیازمند آرامش هستید درصورتی‌که در خانه یک کودکی دارید که مدام مخالف شما عمل می‌کند. این اهداف و نقطه نظرات را به‌عنوان سؤال اینجا بنویسید؟ اگر هنوز فرزندی ندارید، فکر کنید در آینده ممکن است چه سؤالاتی برایتان پیش بیاید؟

مثال: - چه کنم که فرزندم به حرفم گوش کند و لجبازی نکند؟

_____

_____

_____

_____

_____

کیانا ۱

سؤالات خود را مرور کنید بر اساس بخش دوم کتاب "وقتی به دنیا اومدی" اگر سؤال‌های شما سؤالات کوتاه‌مدت است آن‌ها را به سؤالات بسیار مؤثر و بلندمدت تغییر دهید:

مثال: **سؤال کوتاه‌مدت و غیر مؤثر:**
من چه کنم که فرزندم به من و حرف من توجه کند؟

سؤال بلندمدت و مؤثر:
من چگونه می‌توانم به کودکم کمک کنم که احترام، همکاری و مهارت حل مسئله را پیدا کند؟

متوجه شدیم که رسیدن به جواب‌های طولانی‌مدت باعث می‌شود سؤالات کوتاه‌مدت ما نیز خودبه‌خود به جواب برسد.

لیست از سؤالات مؤثر بنویسید.

_____
_____
_____
_____
_____
_____
_____
_____

بخش دوم - وارد دنیای شگفت انگیز کودک شویم

گام دوم: شناخت واحد فرماندهی کودک

- کارکرد مغز

قسمت بالای مغز یا همان **کورتکس**[1] بخش پردازش، تصمیم‌گیری و برنامه‌ریزی است. قسمت پایین مغز خود از دو بخش تشکیل‌شده، **بخش لیمبیک** واحد واکنش‌ها و فرمان‌های سریع عاطفی و هیجانی مانند ترس است و بخش دوم که **ساقه مغز** است و مرکز فعالیت‌های خودکار بدن مثل تنفس است.

بخش لیمبیک در بخش پایینی مغز است، مهم‌ترین و کلیدی‌ترین قسمت مغز و واحد هیجانات مغز است و معمولاً کودکان با آن مغز و در حالت هیجانی تصمیم‌گیری می‌کنند. زمانی که مادران و پدران شکایت می‌کنند از اینکه چرا فرزندانشان از روی عقل و منطق تصمیم‌گیری نمی‌کنند، همواره باید بدانند که قسمت بسیار عمده مغز آن‌ها، یعنی واحد پردازش یا کورتکس حدوداً تا ۲۵ سالگی کامل می‌شود و دلیل وجود والدین به‌عنوان راهنما اما نه نصیحت کننده و نه تصمیم‌گیرنده، هم همین است.

یکی از تجربیات خود را در ارتباط با نوزادتان و یا کودک بستگان بنویسید و اگر در آن کودکتان به شما گوش نداد و گریه‌زاری و بدخلقی کرد بنویسید:

مانند مثال صفحه ۴۷ کتاب "وقتی به دنیا اومدی"

---

[1] - The cerebrum or **cortex** is the largest part of the human **brain**.

کیانا ۱

- برای اتفاق یا اتفاقات بالا اگر از راه همدردی کردن جلو می رفتید، چه تفاوتی می‌کرد؟ چگونه رفتار کردید؟ آیا با طبقه پایین مغز او ارتباط گرفتید یا خیر؟ و اگر خیر، بهتر است چه رفتاری را جایگزین کنید؟

زمان‌هایی که خودمان از موضوعی عصبانی هستیم، آیا انتظار داریم اطرافیانمان به‌طور مثال همسرمان چه واکنشی نشان دهند: آن واکنشی و یا واکنش هایی که انتظار دارید را علامت بزنید.

_____ از همسرم می‌خواهم به من گوش دهد.
_____ از همسرم می‌خواهم که با من همدردی کند.
_____ از همسرم می‌خواهم مرا نصیحت کند.
_____ از همسرم می‌خواهم مانند من به من عصبانی شود.

معمولاً زمانی که کودکمان از موضوعی عصبانی است، کدام‌یک از واکنش‌های بالا را نشان می‌دهیم؟

حافظه

آیا از چیزی می‌ترسید؟ که این ترس گاهی زندگی را برای شما تلخ کند؟ مانند ترس از فضای بسته.

آیا می‌دانید این ترس از چه زمانی در شما ایجاد شد؟ هیچ‌گاه اتفاقی در کودکی برایتان افتاد که روبرو نشدن صحیح با آن باعث این ترس شده است؟

لطفاً در یک روز تعطیل فیلم از درون به بیرون (سرنشینان) را نگاه کنید و در مورد کارکرد مغز و حافظه با همسر خود صحبت کنید و به چند نکته مهم که یاد گرفتید اشاره کنید:

۱ ───
۲ ───
۳ ───

- خلق‌وخو

هر کودک هنگام تولد با صفات، ویژگی‌ها، توانایی‌ها، حالات، استعدادها و فرصت‌هایی به دنیا می‌آید که با دیگری مختلف و متفاوت است، در حقیقت با آنچه دارد می‌تواند خودش را بسازد در این ساختن نقش اولیه را، پدر و مادر دارند. خلق‌وخو به ژن‌های پدر، مادر و نسل‌های گذشته، حالات مادر در زمان حاملگی و بسیاری از عوامل دیگر برمی‌گردد. خلق‌وخو مانند مصالح ساختمانی هستند که به پدر و مادر بدهند و بگویند خانه‌ای را با میل خودتان بسازید. ممکن است آن‌ها با آن قصر محکمی بسازند و یا کلبه نااستواری.

خلق‌وخو مهم است و تا یک‌سالگی بر کودک غلبه دارند، اما اثر آن تا ۳ یا ۴ سالگی از دست می‌رود، به شرطی که از طرف پدر و مادر تشدید نشود. آنچه به‌عنوان نتیجه نهایی شکل می‌گیرد که تا ۲۵ سالگی کامل می‌شود شخصیت است و که معمولاً در سه سال اول زندگی مهم‌ترین سال‌های شکل‌گیری شخصیت است و این بسیار به پدر و مادر بستگی دارد. عواملی که خلق‌وخوی کودکان را متفاوت می‌سازد را می‌توان به ۹ دسته تقسیم کرد: کودک خود را ارزیابی کنید و دور شماره خلق‌وخویی که فرزند شما دارد، در هر قسمت دایره بکشید: (این آزمون برای کودکان زیر دو سال، توصیه می‌شود)

۱- میزان و سطح فعالیت کودک

برخی کودکان پرانرژی و برخی کم خوابند و بعد از خواب کوتاهی کاملاً سرحال و سرزنده‌اند. در مقابل کودکانی هستند کم فعالیت، آرام و کم انتظارند. به همین دلیل برخی کودکان ۲۰ ساعت می‌خوابند و برخی ۱۵ یا ۱۶ ساعت.

از ۱ تا ۶ میزان انرژی و سطح فعالیت نوزاد خود را ارزیابی کنید

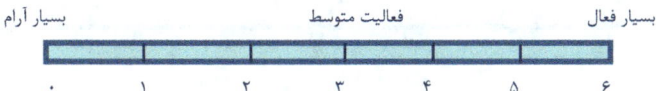

بسیار فعال			فعالیت متوسط			بسیار آرام
۶	۵	۴	۳	۲	۱	۰

۲- توجه و تمرکز

برخی کودکان وقتی مشغول کاری هستند تمام انرژی و نیروی روانی و تمرکز خود را بر روی آن کار می‌گذارند؛ مانند شیر خوردن. برخی به هیچ‌چیز عکس‌العملی نشان نمی‌دهند و برخی با کوچک‌ترین صدا از شیر خوردن بازمی‌مانند.

بسیار نامتمرکز			تمرکزمتوسط			بسیار متمرکز
۶	۵	۴	۳	۲	۱	۰

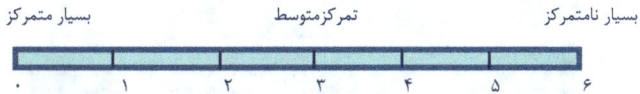

۳ - شدت و میزان پاسخ یا واکنش به محیط اطراف یا ارتباطات انسانی

برخی کودکان با واکنش تند و شدیدی با هر موضوعی برخورد می‌کنند؛ یعنی وقتی‌که شرایط)رفتار یا پاسخی(خلاف میل آن‌هاست با آن مورد با شدت و تندی رفتار می‌کنند درحالی‌که برخی دیگر توان این را دارند که در ارتباط با دیگران منتظر بمانند و با شدت و سرعت واکنش نشان ندهند.

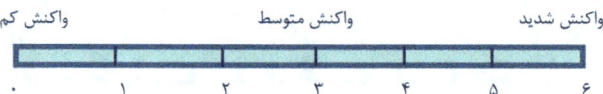

واکنش شدید — واکنش متوسط — واکنش کم

۶ ۵ ۴ ۳ ۲ ۱ ۰

۴- مرتب و منظم بودن کودک

برخی کودکان در ساعت معینی می‌خوابند و غذا را در ساعت مشخصی می‌خورند و وقت بیداری آن‌ها معین است و همچنین مسئله‌ی ادرار و مدفوع آن‌ها مشخص است درنتیجه کار پیش‌بینی و در صورت لزوم پیشگیری را بسیار ساده می‌کند. برخی برعکس به حدی بی‌نظم هستند که پدر و مادر نیز نمی‌دانند با او چه کنند.

بسیار نامنظم — زمان‌بندی متوسط — بسیار منظم

۶ ۵ ۴ ۳ ۲ ۱ ۰

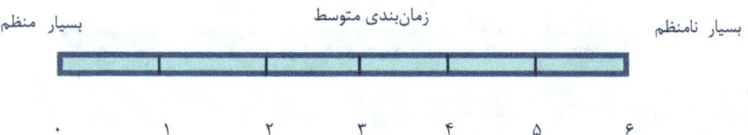

۵- حساسیت به محیط فیزیکی

برخی از کودکان باید به مرحله‌ای از ایجاد ارتباط یا تحریک برسند تا آماده واکنش و پاسخ باشند؛ یعنی به غذا یا سردی و یا گرمی و به هر تغییر ناچیزی به‌سرعت واکنش نشان می‌دهند درحالی‌که برخی به سردی و گرمی غذا و یا تغییر نوع لباس یا رنگ و اندازه لباس توجه نمی‌کنند.

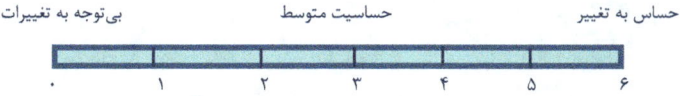

حساس به تغییر — حساسیت متوسط — بی‌توجه به تغییرات

۶ ۵ ۴ ۳ ۲ ۱ ۰

۶- چگونگی ارتباط، دوری و نزدیکی با اطرافیان:

برخی کودکان به‌هیچ‌وجه تحمل ارتباط با افراد غریبه را ندارند، برخی نیز هیچ کار تازه‌ای را آغاز نمی‌کنند و برخی با اکراه به دیگران نزدیک می‌شوند و اگر دور شوند تا مدتی در غم دوری می‌مانند. کودک با درجات مختلفی با اطراف و انسان‌ها ارتباط برقرار می‌کند و هنگام دل بستن و گسستن حالات مختلفی دارد. به همین علت برخی از بچه‌ها احتمالاً وقتی‌که پدر و مادر از خانه بیرون می‌روند واکنشی نشان نمی‌دهند و برخی خودشان و دیگران را دچار اشکال و گرفتاری می‌کنند.

ارتباط سخت با غریبه — با بعضی خوب با بعضی سخت — ارتباط آسان با غریبه

۶ ۵ ۴ ۳ ۲ ۱ ۰

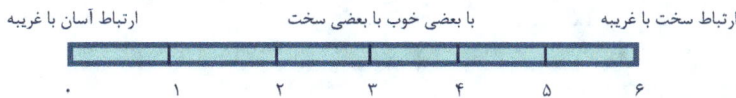

کیانا ۱

۷ - سازگاری یا سازش‌کاری یا ستیز

برخی از بچه‌ها به‌سرعت خودشان را با محیط جدید سازگار می‌کنند. افراد سازگار، دیگران را می‌پذیرند؛ اما گروه دیگری سازگاری را در سازش‌کاری می‌دانند و همیشه در تظاهر و وانمود کردن به شما عمل خود را نشان می‌دهند اما در فکر و ذهن خود چیز دیگری دارند و گروه دیگری این تفاوت را به‌راحتی نشان می‌دهند و از سر جنگ و ستیز برمی‌خیزند.

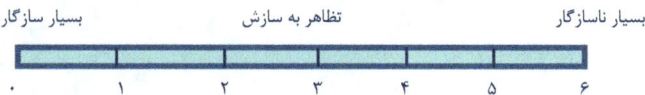

۸ - اصرار و تداوم

برخی از کودکان به‌راحتی از خواسته خود نمی‌گذرند حتی به خاطر یک خواسته‌ی کوچک قهر می‌کنند و حتی چیزهای بهتر و برتر را رد و نفی می‌کنند. درحالی‌که کودکانی هستند به‌محض برخورد با مانعی از عقیده‌ی خود می‌گذرند و به‌جای چیزی که می‌خواستند، چیز دیگری را قبول می‌کنند و پیروزی و خوشحالی را می‌پذیرند.

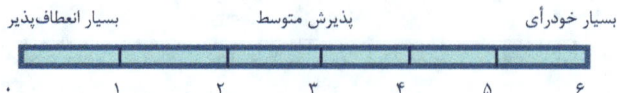

۹ - نوسانات خلق‌وخو (حال درونی)

همه بچه‌ها بالا و پایین دارند، اما برخی مانند دریاها خروشانند؛ یعنی افرادی هستند که کوچک‌ترین ناملایماتی آن‌ها را برهم می‌ریزد و افرادی هستند که اگر جزئی از کل خوب نباشد همه را برهم می‌ریزند. اگر قسمتی از غذا خوب نیست و نوشیدنی موردعلاقه‌شان آنجا نباشد همه را رد و نفی می‌کنند. درحالی‌که گروه دیگری هستند که خوشبختانه دگرگونی‌های کلی را می‌پذیرند و معمولاً راضی‌تر، خوشحال‌تر و سپاس‌گزارند.

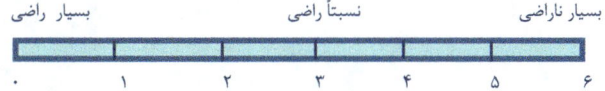

بسیار ناراضی — نسبتاً راضی — بسیار راضی

۶ ۵ ۴ ۳ ۲ ۱ ۰

در هر سؤال عدد کودک خود را مشخص کنید و آن‌ها را باهم جمع بزنید و در پایین بنویسید:

عدد خلق‌وخوی فرزندم در دو سال اول زندگی ____________

این عدد اگر بین ۰ تا ۲۰ باشد، فرزند شما در دو سال اول زندگی تقریباً فرزند راحتی است و نیاز به‌زحمت کمتری دارد اگر بین ۲۰ تا ۳۵ باشد از بابت زحمت پدر مادر در متوسط قرار دارد و اگر بین ۳۵ تا ۵۴ باشد مادر و پدر باید کمی زحمت، صبر و تکرار بیشتری را در پرورش فرزندشان داشته باشند.

ناگفته نماند که تفاوت در خلق‌وخو، هیچ ارتباطی به رفتار و شخصیت کودک در آینده ندارد. مگر اینکه با اشتباه والدین آن تفاوت‌ها به‌عنوان وسیله‌ای برای تشدید آن رفتار و تبدیل‌شدن به خصلت دائمی شوند.

یادداشت:

بخش سوم

اقتدار مثبت

- فرزند پروری بااقتدار مثبت چیست؟

متدهای فرزند پروری که ما والدین تاکنون بکار گرفته‌ایم، روش‌هایی است که خانواده‌هایمان برای تربیت ما بکار برده‌اند و یا متدهایی است که یا از گذشته‌ها به ما رسیده است و یا عموم جامعه از آن روش پیروی می‌کنند. دنیا از چند دهه گذشته تاکنون بسیار تغییر کرده است. مخصوصاً دانش انسان نسبت به چگونگی پرورش کودکان، اینکه بتوانیم فرزندی توانا، مسئول و با اعتمادبه‌نفس پرورش دهیم، بسیار رشد کرده است. بعضی از افراد می گویند که در مواردی تنبیه و مجازات هنوز جواب می‌دهد، اما فقط برای کوتاه‌مدت و در طول زمان باعث شورش فرزندان و ایستادن مقابل والدین خواهد شد و حاصلش فرزندانی است که به توانایی خود اعتماد ندارند. اما در متد اقتدار مثبت تنبیه و مجازات جایگاهی ندارد.

در شیوه اقتدار مثبت سه اصل اساسی وجود دارد، به عبارتی مادر و پدر در تمامی سنین فرزندانشان باید این‌گونه باشند:

مهربان - آرام - مصمم

آجرهای ابتدایی پـرورش بااقتدار مثبت

۱- احترام متقابل:

انسانی می‌تواند به دیگران احترام بگذارد که ابتدا به خــودش احترام گذاشته باشد. در درجه اول باید والدین به خود و به نیازهای خود احترام بگذارند. احترام به خود درسی است که ما به فرزندمان یاد می‌دهیم، در درجه دوم احترام به همسر و دیگر اعضای خانواده است.

- زمان کودکی خود را به یاد بیاورید، به نظر شما مادر و پدرتان، چه زمانی به خودشان احترام نگذاشتند و یا خود را نادیده گرفتند و این باعث می‌شد که شما **احساس گناه** کنید؟

_____

_____

_____

- زمان کودکی خود را به یاد بیاورید، با کدام‌یک از رفتارهای پدر و مادرتان احساس می‌کردید به شما **بی‌احترامی** شده است؟

_____

_____

_____

- در خانه شما، زمان کودکی **احترام گذاردن** را از چه کسی آموختید؟ چه کسی و چگونه الگوی شما بود؟

۲- درک باوری که در پشت هر رفتار کودک است:

تمـام رفتارهای انسانی، دلیلی دارند و این دلایل به علت باورهای است که از بدو تولد شکل‌گرفته است. زمانی که باورهای پشت رفتارهای آن‌ها را بدانیم به‌راحتی می‌توانیم به آن‌ها کمک کنیم که رفتارهایشان را تغییر دهند. زمانی که کودکان ما کوچک‌تر هستند، نه‌تنها باورها بلکه نیازها و توانایی‌های رشدی آن‌ها نیز بروی رفتارهای آن‌ها تأثیر دارد.

- به رفتارهای نوزاد خود دقت کنید، آیا می‌توانید دلیل اصلی بعضی از رفتارهایی که ناهنجار می‌دانید را درک کنید؟ آن رفتارهای بنویسید و با توجه به مطالب کتاب **دلیل اصلی** که به نظرتان می‌آید را بنویسید؟

مثال:

رفتار: کودک ۲ ساله‌ام دوست دارد، همه‌چیز را پرت کند!
دلیل: نشان دادن قدرت اش و اینکه صداهایی که از پرتاب اشیای مختلف بیرون می‌آید برایش جذاب است.
رفتار: زمانی که از خانه مادربزرگ بیرون می‌آییم، گریه می‌کند و با شدت رفتارهای طغیان گر می‌کند!
دلیل: چون عصبانی می‌شود و من بجای درک کردن او، دعوایش می‌کنم. او از قسمت هیجانی مغزش فرمان می‌گیرد.

اگر دلیل رفتار هایی که ناراحت تان می کند را نمی دانید، رفتار ها را بنویسید و برای تشخیص دلایل آن دوباره به کتاب رجوع کنید.

رفتار:

دلیل:

رفتار:

دلیل:

رفتار:

دلیل:

رفتار:
_____

دلیل:
_____
_____

رفتار:
_____

دلیل:
_____
_____

رفتار:
_____

دلیل:
_____
_____

۳ - دانش درباره پله‌های پیشرفت فرزندمان به‌تناسب سن آن‌ها:

این دانش بسیار مهم است. پدر و مادر نباید بیشتر از توانایی کودکشان از او انتظار داشته باشند. برای کسب این دانش می‌توانید به صفحه بازی‌های آینده‌ساز در وب‌سایت مراجعه کنید:

http://farzandrah.com/category/games/

۴- ارتباط مؤثر:

در پروسه پرورش فرزند، هم ما و هم فرزندمان یاد می‌گیریم که شنیدن مؤثر چیست.

شنیدن سه نوع دارد:

شنیدن نوع اول

شنیدن نوع دوم

شنیدن نوع سوم

برای داشتن ارتباط مؤثر با فرزندانمان، بهتر است یاد بگیریم که با شیوه سوم آن‌ها را بشنویم و این باعث می‌شود حتی یک مادر از صدای گریه نوزادش متوجه شود که چه نیازی دارد و چگونه محترمانه به درخواست نیازش پاسخ دهیم.

- در زمان بچگی کدام از افراد خانواده، بیشتر به حرف‌های شما گوش می‌داد؟

- اکنون در اطراف خود بهترین فردی که به نظر شما شنونده خوبی است و شمارا درک می‌کند کیست و چگونه این صفت را دارد؟

- شما برای اینکه از امروز شنونده بهتری باشید، چه تغییراتی می‌خواهید انجام بدهید؟

برای درک بهتر و شنیدن کودکتان این مراحل را انجام دهید و نتیجه را بنویسید؟

-

۱- زمانی که کودکم می‌خواهد، گریه کند، نق می‌زند و یا می‌خواهد حرفی بزند، هم‌سطح او می‌شوم.

۲- زمانی که کودکم می‌خواهد، گریه کند، نق می‌زند و یا می‌خواهد حرفی بزند، به چشمان او خیره‌می‌شوم.

۳- حرفش را قطع نکنم و تا پایان به او گوش دهم.

۴- با او حتی اگر مخالف هستم، همدردی کنم و بلافاصله نه و نباید و نمی‌شود تحویلش ندهم به‌جای آن بگویم می‌دانم که دوست داری این کار را کنی اما!

۵- شنونده نوع سوم چیست؟ آیا من می‌خواهم از امروز سعی کنم شنونده نوع سوم شوم؟

حال یک هفته این تمرینات را انجام دهید و سپس به این کتابچه بازگردید و نتایج اقدامات خود را بنویسید؟

۵- دیسیپلین و اقتدار مثبت:

ارزیابی شیوه فرزند پروری والدین

فکر می‌کنید مادر و پدر شما جزء کدام دسته‌های زیر بودند: پدر و مادر همسرتان چطور نام آن‌ها را مقابل دسته‌ها بنویسید. (ممکن است مادر و پدرتان در یک دسته نبودند) و برای ارزیابی به گذشته و زمان کودکی خود برگردید و اکنون‌که پدر و مادربزرگ شده‌اند حتماً فرق کرده‌اند:

نکته: دلیل اینکه در مورد مادر و پدرهایمان اینجا صحبت می‌کنیم ابداً زیر سؤال بردن مهارت‌های فرزند پروری آن‌ها نیست. آن‌ها بهترین کاری که در زمان خود می‌دانستند برای ما انجام داده‌اند و دانش روانشناسی و رفتارشناسی در ۳۰ سال گذشته بسیار پیشرفت کرده است. دلیل اش این است که ما شیوه فرزند پروری خود را ارتقا دهیم.

	مادر	پدر	مادر همسر	پدر همسر
سخت‌گیر (اقتدار منفی)	ــــــــ	ــــــــ	ــــــــ	ــــــــ
سهل‌انگار (آسان‌گیر)	ــــــــ	ــــــــ	ــــــــ	ــــــــ
کنترل‌کننده و مراقب	ــــــــ	ــــــــ	ــــــــ	ــــــــ
اقتدار مثبت	ــــــــ	ــــــــ	ــــــــ	ــــــــ

(برای اطلاعات بیشتر از این چهار دسته متد فرزندپروری به سایت فرزندراه قسمت چگونه مادر و پدری هستیم رجوع کنید.)

آیا پدر و مادر شما جزء سه دسته اول بودند. فکر می‌کنید، کدام‌یک از رفتارهای اکنون شما، که آن رفتار را دوست ندارید به متد والدین شما مربوط بوده است:

مثال: خانمی که پدر آسان‌گیری داشت و در جوانی پشتکار لازم و انگیزه کافی را برای انجام بعضی کارها را نداشت و در بزرگسالی برای کسب آن تلاش کرد و یا همسر همان خانم، پدر و مادر کنترل‌کننده و سخت‌گیری داشته است باعث پایین بودن عزت‌نفس همسر در سنین نوجوانی شد بود.

_____

_____

_____

_____

شما جزء کدام از این چهاردسته هستید؟ همسرتان چطور؟

_____   _____

آیا از شیوه فرزند پروری خود و همسرتان کاملاً راضی هستید؟

بله _____ خیر _____

اگر خیر می‌خواهید کدام شیوه را انتخاب کنید؟

_____   _____

۶- تمرکز به پیدا کردن راه‌حل به‌جای تنبیه:

سرزنش و تنبیه هیچ‌گاه باعث حل شدن مشکل نمی‌شود و حتی باعث می‌شود آن مسائل دوباره تکرار شود.

آیا در کودکی تنبیه بدنی شده‌ایم، در مدرسه یا خانه؟ چه حسی داشته‌اید؟

آیا در کودکی تنبیه غیر بدنی مثل محروم ماندن از چیزی را داشته‌اید؟ چه حسی داشته‌اید؟

آیا کودکتان را تنبیه می‌کنید؟(منظورم حتی محروم کردن او از هر چیزی است)

۷- تشویق و دلگرمی:

تشویقی که برای انجام تلاش و پیشرفت است و نه تشویقی که به دلیل رسیدن به موفقیت است، می‌تواند در کودک دلگرمی انجام کار و ادامه دادن آن را، ایجاد کند، این نوع تشویق در درازمدت احساس رشد فردی و حس اعتمادبه‌نفس به فرزندانمان می‌دهد.

آیا به کودکتان بابت کارهایی مثل غذا خوردن و خوش‌رفتار بودن پاداش می‌دهید؟

_____

_____

پاداش دادن مانند **رشوه دادن** است و خود یک **تنبیه** محسوب می‌شود زیرا انگیزه را در کودکان از بین می‌برد.

پاداش و جایزه تنها گاهی که کارهای غیر از روزمره و یک دستیابی بزرگ صورت می‌گیرد جایز است. آن‌هم زیاد توصیه نمی‌شود.

۸ – بچه‌ها بهتر رفتار می‌کنند وقتی احساس بهتری دارند:

نوزاد ما که به‌سختی می‌تواند خود را بشناسد، بر عهده ماست که به او یاد بدهیم احساساتش را بشناسد، پس با او به **احترام، عشق و دلگرمی** رفتار کنیم تا او نیز به انجام رفتارهای خوب ترغیب می‌شوند.

یک روز را در نظر بگیرید و با ذهن آگاهی روابط بین خود و فرزندمان را بررسی کنیم. چه زمانی به او احساس خوب می‌دهیم؟

چه زمان‌هایی احساس بد به او می‌دهیم؟

چند مثال‌های روزمره را بنویسید:

_____

_____

تفاوت نیازها و خواسته‌ها

بین نیاز کودک و خواسته او تفاوت عمده‌ای وجود دارد. نیازهای کودک با آنچه ما حس می‌کنیم معمولاً هماهنگ است و ما آن را برآورده می‌کنیم، اما اگر با درخواست‌های آن‌ها مانند نیازهایشان رفتار کنیم و همه آن‌ها را نیز جامع عمل بپوشانیم آنگاه است که هم ما و هم فرزندمان دچار مشکل خواهیم شد.

- نیازهای کودک من در یک روز چیست؟

- خواسته‌های معمول کودک من در یک روز چیست؟

مهارت‌های اجتماعی

- برای اینکه مهارت‌های اجتماعی فرزندم را افزایش دهم چه اقداماتی انجام داده‌ام:

هر روز او را به مکان‌هایی که بچه‌های دیگر هستند، می‌برم.

....

....

با آدم‌هایی که بچه هم سن فرزندم دارند معاشرت می‌کنم.

....

....

برایش قصه‌هایی در این زمینه‌های همدردی و دوستی میگویم.

....

....

در خانه تمرین‌های تقسیم کردن اسباب‌بازی و سهیم شدن در اسباب‌بازی می‌کنیم.

....

....

بجای دعوا کردنش زمانی که ارتباط خوبی با بقیه نمی‌گیرد، به او آموزش می‌دهم.

در خانه چیزهایی که دوست دارد را با افراد خانواده قسمت می‌کنیم. مهربانی و فداکاری غیرعاقلانه نمی‌کنیم که سهم خود را به او دهیم.

در مورد احساسات و نیازهای دیگران با او صحبت می‌کنیم تا از زبان بدن آن‌ها متوجه شود که احساسشان چیست و همدردی را به او یاد می‌دهیم.

نکته ۱: مادر و پدرانی که تک‌فرزند دارند باید بدانند که فرزندشان دیرتر و مشکل‌تر همدردی را می‌آموزد و باید وقت و انرژی بیشتری بگذارند.

نکته ۲: اگر نوزاد زیر ۶ ماه دارید و بعضی از تمرینات بالا هنوز برای او کاربردی ندارد، این سؤالات را بگذارید زمانی که بزرگ‌تر شد جواب دهید. مثلاً بعد از یک سال و نیم.

دل‌بستگی ایمن:

دل‌بستگی، پیوند عاطفی عمیقی است که با افراد خاصی در زندگی خود داریم که باعث می‌شود وقتی با آن‌ها تعامل می‌کنیم، لذت ببریم. در مـواقع استرس، از نزدیکی آن‌ها احساس آرامش می‌کنیم. دل‌بستگی در کودک نیز از همین تعاریف برخوردار است.

- آیا در کودکی دل‌بستگی ایمن را تجربه کرده‌اید؟ چند حس و خاطره خوب از آن دل‌بستگی ایمن بنویسید؟

....
....
....
....

- آیا برای اینکه این دل‌بستگی ایمن را به فرزندمان بدهیم چه اقداماتی می‌کنیم؟

۱ ....
۲ ....
۳ ....
۴ ....

قوانین خانه و نه قوانین شما:

- قوانین خانه را در ارتباط با کودکتان بنویسید: می‌توانید هر زمان به این صفحه مراجعه کنید و قوانینی را اضافه کنید و یا بسته به سن او تغییر دهید:

نکته: این قوانین بهتر است از زبان شما نباشد، یعنی این‌گونه نباشد " من اجازه نمی‌دهم ....." بلکه بهتر است در عوض از زبان قانون باشد "فرزندم اجازه ندارد از ...."

چند مثال:

۱- زمان رانندگی فرزندم را در آغوش نمی‌گیرم فقط روی صندلی کودک می‌نشیند.
۲- تلویزیون زمانی که کودک در پذیرایی است، خاموش است.
۳- دو عدد شکلات در روز بیشتر، کودکم نمی‌تواند بخورد آن‌هم فقط تا ساعت ۵ عصر

_____
_____
_____
_____
_____
_____
_____
_____

بخش چهارم

چگونه با اقتدار مثبت والد گری کنیم؟

- از امروز به احساسی که پشت هر رفتارمان است فکر می‌کنیم. بسیار ساده است هر رفتاری و حرفی که برای جهت‌بخشی فردی دیگر است را با سؤالات زیر برای خودارزیابی کنیم:

- چرا این سؤال را پرسیدم و یا چرا این درخواست را کردم و یا چرا با چیزی مخالفت کردم؟

این باعث می‌شود که به احساسی که پشت حرف‌هایمان هست فکر کنیم. می‌توانیم دلایل بعضی از کارها، رفتارها و مخالفت‌هایمان را اینجا بنویسیم: این تمرین را در بخش سوم برای رفتارهای کودک انجام داده‌ایم اما اینجا برای رفتارهای خود آن‌ها را بنویسیم:

رفتار: _____

دلیل: _____

رفتار: _____

دلیل: _____

بخش چهارم – چگونه با اقتدار مثبت والدگری کنیم

رفتار: ....
دلیل: ....

رفتار: ....
دلیل: ....

رفتار: ....
دلیل: ....

- چه موضوعاتی باعث می‌شود در یک روز، بیشترین زمان و انرژی بابت سروکله زدن با کودک صرف شود. به دلایلی که با شما مخالفت می‌کند و یا بهانه‌جویی می‌کند؟

مانند عوض کردن پوشک، یا دعوا با خواهر برادر و غیره

....
....
....
....

کیانا ۱

فکر می‌کنید دلیل این‌ها دعوا بر سر قدرت است؟

بله _____   خیر _____

قبل از آموزش به کودکان، با آن‌ها ارتباط برقرار کنیم چون همان‌طور که قبلاً گفتیم ایجاد احساس **تعلق و مهم بودن** به آن‌ها کمک می‌کند که بیشتر به دنیای اطرافشان اعتماد کنند.

چگونه در ارتباط با موضوعات بالا می‌توان قبل از وارد شدن به موضوع، با کودک ارتباط نزدیک‌تری برقرار کرد.

_____
_____
_____
_____

بهترین راه برای اینکه کودکمان احساس قدرت کند دادن تعدادی حق انتخاب در روز به او است. ده انتخاب که می‌توانید بر عهده کودک بگذارید را در زیر بنویسید:

مثال: از امروز زمان برای پوشیدن لباس‌هایش بین دو لباس حق انتخاب به او می‌دهم؟
از امروز برای انتخاب رنگ بشقاب و لیوانش از بین ۳ رنگی که داریم به او حق انتخاب می‌دهم؟
گاهی از او می‌پرسم که بین دو روسری برای من روسری انتخاب کند؟

۱- _____
۲- _____

بخش چهارم – چگونه با اقتدار مثبت والدگری کنیم

۳- ______

۴- ______

۵- ______

۶- ______

۷- ______

۸- ______

۹- ______

۱۰- ______

- پنج راهی که می‌توانید در خانه از او کمک بگیرید را بنویسید (برای بچه‌های بالای ۱/۵ سال)

مثال: زمانی که از فروشگاه بیرون می‌آییم از او می‌خواهم که کنترل درب ماشین را بزند.
قاشق‌ها و لیوان‌ها را سر میز ببرد.
دکمه آسانسور را کمک ما بزند.

۱- ______

۲- ______

۳- ______

۴- ______

۵- ______

کیانا ۱

اکنون‌که پسر من ۱۱ ساله است، هرروز و هرلحظه از آن دوران می‌پرسد و می‌خواهد بسیاری از جزئیات را بداند حتی اینکه زمانی که به پدرش گفتم باردارم چه احساسی داشتیم و یا اینکه اولین بار که سر او داد زدم کی بود و چرا؟ آیا احساس پشیمانی کردم یا خیر؟

- دانستن این‌ها به فرزندتان هویت می‌دهد و باعث می‌شود احساس مهم بودن در او تقویت شود. از نوشتن خسته نشوید!

روال‌ها ذهن کودک را برای انجام یک فعالیت آماده می کنند. به کودک آرامش می دهند و باعث کم شدن بحث، مخالفت کودک در مورد کارهای روزمره مانند غذا خوردن و غیره می شوند.

- برای کارهای زیر روال تعریف کنید:

حمام رفتن	مثال
_____	آماده کردن لباس‌های بعد حمام
_____	درآوردن لباس‌ها
_____	انتخاب چند اسباب‌بازی برای حمام
_____	آب ریختن در وان/ آب‌بازی در وان
_____	شامپو/ صابون
_____	خشک کردن و روغن‌مالی
_____	لباس پوشیدن

بخش چهارم – چگونه با اقتدار مثبت والدگری کنیم

خوابیدن	مثال
	پوشیدن لباس‌خواب
	انتخاب کتاب/ قصه
	دستشویی یا تعویض پوشک
	مسواک (شستن دندان‌ها)
	بوسیدن و شب‌به‌خیر گفتن
	انتخاب عروسکی که در تخت کودک می‌خوابد
	لا لا

بیرون رفتن	مثال
	شستن دست و صورت
	انتخاب لباس
	تعویض پوشک یا دستشویی
	پوشیدن لباس
	شانه به مو
	نگاه کردن به آیینه
	پوشیدن جوراب و کفش

کیانا ۱

غذا خوردن	مثال
ــــــــــــــــــــ	شستن دست‌ها
ــــــــــــــــــــ	انتخاب لیوان از سبد لیوان‌ها
ــــــــــــــــــــ	تمیز کردن میز غذای کودک
ــــــــــــــــــــ	بستن پیشبند
ــــــــــــــــــــ	تست دمای غذا
ــــــــــــــــــــ	خوردن غذا
ــــــــــــــــــــ	باز کردن پیشبند
ــــــــــــــــــــ	تمیز کردن غذا از زمین

روال‌ها مهم است که ترتیب اش از طرف پدر و مادر حفظ شود و اینکه اگر زمان انجام آن‌ها برنامه و روال برای کودک توضیح داده شود و اگر در بسیاری از مواقع با همکاری خود کودک و مادر یا پدر انجام شود.

روال‌های دیگر را که به ذهنتان می‌آید، را بنویسید:

ــــــــــــــــــــ   ــــــــــــــــــــ
ــــــــــــــــــــ   ــــــــــــــــــــ
ــــــــــــــــــــ   ــــــــــــــــــــ
ــــــــــــــــــــ   ــــــــــــــــــــ
ــــــــــــــــــــ   ــــــــــــــــــــ
ــــــــــــــــــــ   ــــــــــــــــــــ
ــــــــــــــــــــ   ــــــــــــــــــــ

بخش چهارم - چگونه با اقتدار مثبت والدگری کنیم

_____   _____
_____   _____
_____   _____
_____   _____
_____   _____
_____   _____
_____   _____

شوخ طبعی:

مادر و پدر محیط خانه را با حس و حالشان رنگ‌آمیزی می‌کنند، می‌توانند آن را به مکان کسل‌کننده و بی‌روح تبدیل کنند و می‌توانند آنجا را به یک بهشت دلپذیر تبدیل کنند.

- کدام از افراد خانواده شما شوخ‌طبع است و مدام خنده به لبان همه می‌آورد:

_____
_____
_____

- آیا از مصاحبت با او لذت می‌برید:

بله _____   خیر _____

کیانا ۱

- آیا با شوخ‌طبعی خنده به لبان همسر و فرزندتان می‌آورید؟ در مدت روز چند بار عامل شادی آن‌ها هستید؟

بله _____   خیر _____

_____

چگونه به فرزندانمان احترام بگذاریم. بسیار ساده است:

- زمانی که شروع به حرف زدن می‌کنند، جملاتشان را کامل نکنیم.
- فکر نکنیم آن‌ها نمی‌فهمند، از آن‌ها بدگویی نکنیم و به آن‌ها برچسب نزنیم.
- به نیازهای ضروری‌شان اهمیت دهیم.
- وقتی قولی می‌دهیم، پای قول خود بمانیم.

به کودکی خود فکر کنید

- چه زمان‌هایی احساس می‌کردید به شما بی‌احترامی شده است؟

_____
_____
_____
_____

- چه احساسی داشتید؟

_____
_____
_____
_____

بخش چهارم - چگونه با اقتدار مثبت والدگری کنیم

- چه اقداماتی برای احترام به شخصیت نوزاد خود در حال حاضر انجام می‌دهید؟

- چه اقداماتی را برای احترام به خود هم‌اکنون انجام می‌دهید؟

- آیا زمانی که در کنار فرزندانتان هستید، پشت سر نزدیکان یا دیگر افراد خانواده غیبت و یا شکایت می‌کنید؟

- آیا دوست داشتید وقتی بچه بودید، چگونه به شما احترام می‌گذاشتند؟

کیانا ۱

- آیا آن‌ها را برای کودک خود انجام می‌دهید؟

- برای احترام به خود چه اقداماتی را از امروز به اقدامات قبلی اضافه می‌کنید؟

- برای احترام به کودکتان چه اقداماتی را از امروز انجام می‌دهید؟

- وقتی به کودک خود احترام می‌گذارید، چه احساسی دارید؟

بخش چهارم - چگونه با اقتدار مثبت والدگری کنیم

- زمانی که تصمیمی می‌گیریم، (مثل گذاشتن کودکمان در کالسکه زمان خرید) چقدر در مقابل مخالفت کودکمان تحمل داریم و پای حرفمان می‌مانیم؟

☐ همیشه پای حرفم می‌مانم.
☐ معمولاً غیر از شرایط استثنایی مانند مریضی کودک.
☐ اگر گریه کند کوتاه می‌آیم.
☐ اگر آبروریزی کند و گریه‌زاری کند کوتاه می‌آیم.
☐ همیشه با میل او رفتار می‌کنم.

کیانا ۱

- زمانی که می‌خواهیم تصمیمی بگیریم به‌طور مثال او را در تخت خودش بخوابانیم،

☐ آیا فقط به او می‌گوییم که نمی‌شود. می‌گذاریم گریه کند.
☐ آیا با ۲ دقیقه گریه کوتاه می‌آییم و او را به تخت خود می‌آوریم.
☐ آیا با ۵ دقیقه گریه بلند کوتاه می‌آییم و او را به تخت خود می‌آوریم.
☐ آیا نزد او می‌رویم او را درک می‌کنیم او را آرام می‌کنیم اما او را به تخت خود نمی‌آوریم. و اگر قرار باشد این کار را تا صبح با فواصل بیشتر انجام می‌دهیم.

- زمانی که می‌گوییم، برای خودمان قاعده‌ای در خانه می‌گذاریم (مثال: سر میز غذا استفاده از موبایل ممنوع) چقدر پایبند اصول می‌مانیم؟

☐ همیشه (قانونی را نمی‌گذارم یا آن را انجام می‌دهم)
☐ گاهی اوقات خسته می‌شوم و انجام نمی‌دهم.
☐ فقط چند روز اول پایبند می‌مانم.

بخش چهارم - چگونه با اقتدار مثبت والدگری کنیم

- زمانی که قانونی در خانه وضع می‌کنیم یا از اصول فرزند پروری و متد جدیدی می‌خواهیم استفاده کنیم چقدر به‌درستی آن اطمینان داریم؟ چقدر در مورد آن تحقیق کرده‌اید؟ آیا از فیلترهای زیر رد کرده‌اید؟

۱- علوم جدیدی فرزند پروری و یا روش غیرعلمی

☐ آیا این متد بر اساس علوم جدید است.
(مانند مادری که کتاب می‌خواند و تحقیق می‌کند و کلاس می‌رود)

☐ یا بر اساس آنچه از قدیم می‌دانم، یک روش من‌درآوردی و یا روشی که والدینمان را بکار می‌گرفتند

۲- انتخاب **منطقی** یا حسی

☐ آیا انتخابم بر اساس منطق است، مانند مادری که زمان دل‌درد بدن فرزندش را ماساژ می‌دهد با او همدردی می‌کند و لیست غذاهایی که روی شیرش تأثیر می‌گذارد را می‌نویسد.

☐ یا بر اساس احساسی است. مانند مادری که ندانسته به فرزندش آبقند می‌دهد، تنها به دلیل اینکه آبقند دل‌درد را موقتاً آرام می‌کند.

۳- بهترین انتخاب یا آسان‌ترین انتخاب

☐ آیا این انتخاب برای فرزندم بهترین انتخاب است، مانند مادری که تخت کوچک و استانداری کنار تخت اش می‌گذارد و زمان شیردهی، از جا بلند می‌شود به او شیر می‌دهد و سپس او را می‌خواباند.

☐ یا آسان‌ترین و راحت‌ترین انتخاب است. همانند مادری که نوزاد تازه به دنیا آمده را در تخت خودش می‌خواباند تا برای شیر دادن مجبور نشود از جا بلند شود.

انتخاب بر اساس نتایج بلندمدت و یا کوتاه‌مدت

☐ وقت و حوصله کافی برای رسیدن به نتایج بلندمدت دارم، مانند مادری که برای غذا خوردن فرزندش به او دلگرمی می‌دهد اما اصرار نمی‌کند.

☐ یا نتایج کنونی برایم مهم‌تر است، مانند مادری که برای غذا خوردن پاداش می‌دهد

قضاوت دیگران و یا یا راه درست

☐ آیا بر اساس قضاوت دیگران این تصمیم را می‌گیرم و یا باوجود قضاوت دیگران کاری که می‌دانم درست را انجام می‌دهم؛ مانند مادری که وقتی فرزندش اسباب‌بازی‌هایش را با دوستانش تقسیم نمی‌کند به او حق می‌دهد اما به او آموزش می‌دهد که باهم بازی کند.

☐ و یا حرف و قضاوت دیگران بر من تأثیر می‌گذارد و روی رفتارم با کودکم تغییر ایجاد می‌کنم؛ مانند مادری که وقتی کودکش در جمع اشتباهی می‌کند به خاطر ترس از قضاوت دیگران کودکش را سرزنش می‌کند.

انتخاب بر اساس دلسوزی و یا آینده‌نگری

☐ آیا این انتخاب واقعاً بهترین انتخاب برای فرزندم است؛ مانند مادری که به نیازها جواب مثبت می‌دهد و به بعضی خواسته‌ها جواب منفی.

☐ یا با دلسوزی است و مانند مادری که برای اینکه احساس بهتری دارد برای فرزندش هر کاری می‌کند و تمام حق‌ها و سهم‌ها را به او می‌دهد

بخش چهارم – چگونه با اقتدار مثبت والدگری کنیم

نکته: هیچ‌کس کامل نیست. من می‌دانم که بسیاری از ما ممکن است انتخاب‌های اشتباهی برای فرزندمان بکنیم. دلیل استفاده از این کتابچه نگران شدن از انتخاب‌های قبلی‌مان نیست؛ اما می‌توانیم از این به بعد به این فیلترها فکر کنیم و هر انتخاب مهمی که برای آینده فرزندمان قرار است انجام دهیم را از این فیلترها رد کنیم.

- موقعیت‌هایی که برایتان در این هفته اتفاق افتاده و باعث شده شما از کوره دربروید را بنویسید؟

_____
_____
_____
_____
_____
_____
_____
_____

- آیا بعد از گذشت زمان از آن واکنشی که هنگام لبریز شدن صبرتان نشان داده‌اید، پشیمان شده‌اید؟

بله _____ خیر _____

- آیا می‌خواهید در موقعیت‌های شبیه این صبورتر باشید؟

بله _____ خیر _____

کیانا ۱

تمرین پروانه به همراه نفس کشیدن:

همه ما در طول روز عصبانی و نگران می شویم. تمرین پروانه ای برای جلوگیری ا واکنش شدید در زمان عصبانیت طراحی شده است. و کمک می کندکه آرامش به ذهن و روان ما بازگردد. اما ابتدا باید بدن برای این تمرین برنامه نویسی کنیم. یعنی به بدنمان آموزش دهیم. پس زمانی که در شرایط بسیار آرام هستید، دست راست را روی قلبتان قرار دهید و دست چپ را روی شکمتان آنگاه تمرین نفس کشیدن کنید:

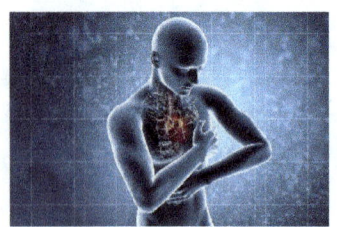

۵ شماره دم

۵ شماره حبس نفس

۵ شماره بازدم

زمانی که یک هفته این تمرین را انجام دادهاید. بدن را شرطی می کنیم که زمانی که دست راست روی قلب و دست چپ روی شکم قرار می گیرد. بدن به مغز این فرکانس را می فرستد که آرامش بگیرد و مغز نیز فوراً دستور متوقف شدن ترشح هورمون آدرنالین و ترشح هورمون سروتونین را می دهد و تنفس و ضربان دوباره آرام می شود. این تمرین زمان عصبانیت و یا زمانی که نیاز دارید صبور باشید، همین کار را انجام دهید. اثر آن بی‌نظیر است. البته به شرط اینکه ابتدا بدن را برای انجام آن برنامه ریزی کنید. این تمرین را ۲۰ روز تا یک ماه زمان آرامش مثلاً زمان خواب انجام دهید و بدنتان آنرا برنامه ریزی می کند.

بخش چهارم – چگونه با اقتدار مثبت والدگری کنیم

گزارش تمرین پروانه‌ایی

آیا به مدت یک هفته هر شب زمان خواب یا استراحت این تمرین را انجام داده‌ام. زمان بحران از آن استفاده کرده‌ام.

نتیجه را بنویسید؟

_____
_____
_____

- برنامه‌ها و بازی‌هایی که به وجود شما نیازی نیست و برای کودکتان جذابیت دارد را لیست کنید: (از آن‌ها زمان بحران می‌توانید استفاده کنید)

_____
_____
_____
_____
_____
_____

کیانا ۱

تمرین : "۲-۲-۲"

هر زمان اتفاقی می‌افتد که باعث ناراحتی شما می‌شود، چشم‌هایتان را ببندید و فرض کنید ۲ ساعت، ۲ روز و یا ۲ سال گذشته است و آن مسئله بالاخره رفع شده است. سعی کنید آرامشی که قرار است ۲ ساعت، ۲ روز و یا ۲ سال دیگر را داشته باشید، اکنون بازیابید:

- تمرین "۲-۲-۲" را انجام دهید:

بهترین نقطه شروع کمتر کردن "نکن ها" و "نه های" غیرضروری است که به کودک نوپا و کنجکاومان می‌گوییم.

- آیا نتیجه آن چیزی که احوال شما را به هم ریخت ارزش ناراحت کردن شما را داشت.

بله _____ خیر _____

تمرین " دستگاه کپی"

این یک تمرین است که به ما کمک می‌کند در مواقع بحران، کار و رفتار اشتباهی نکنیم. فرض کنید که کودک شما یک دستگاه کپی رفتار دارد که هر رفتاری که شما می‌کنید را عیناً می‌تواند تکرار کند که البته کودک شما کمی بزرگ‌تر که شد، حتماً این کار را خواهد کرد اما اکنون به علت محدودیت‌هایی که دارد شاید هنوز به‌طور کامل نمی‌تواند کارها، رفتارها و حرف‌های ما را کپی کند.

حال آیا هر رفتاری که ما می‌کنیم مانند داد زدن، سرزنش کردن و یا دعوا کردن آیا اگر کودکمان هم همان رفتار را انجام دهد، ناراحت نمی‌شویم.

بله _____ خیر _____

بخش چهارم - چگونه با اقتدار مثبت والدگری کنیم

اگر جواب بله است. پس سعی کنیم آرام‌تر برخورد کنیم.

- آیا زمانی که رفتار صبورانه‌تری نشان دادید از حال خود راضی‌تر نیستید.

بله _____ خیر _____

رفتارهایی که دوست دارید کودکتان کپی کند را بنویسید:

_____   _____

_____   _____

_____   _____

- بجای کلمه نکن کلمه بیا بجایش این کار را بکن را بگذارید و اقدام کنید. در طول روز زمانی که با کودک خود هستید به کارهایی که می‌کند و ما نمی‌خواهیم آن کارها را انجام دهد فکر کنید، آن‌ها را بنویسید و بجایش یک کار خوبی که همان احساس را به کودک بدهد و نیازش را پر کند بگذارید:

مثال:

آن قاشق را روی میز شیشه‌ای نکوب   بجای آن   قاشق را به این سطل بکوب صدای جذاب‌تری می‌دهد

_____ بجای آن _____

_____ بجای آن _____

_____ بجای آن _____

_____ بجای آن _____

کیانا ۱

_____ بجای آن _____

_____ بجای آن _____

اعتمادسازی و اعتبار سازی:

- زمان کودکی خود را به یاد بیاورید، چه کسی را می‌شناختید که به تمام قول‌هایش عمل می‌کرد. آیا به او اعتماد داشتید؟

بله _____ خیر _____

- آیا در زمان کودکی به قول‌هایی که به شما می‌دادند توجه می‌کردند؟

بله _____ خیر _____

- در هر دو صورت چه حالی داشتید؟

_____
_____
_____

- آیا به قول‌های خود عمل می‌کنید؟

بله _____ خیر _____

- زمانی که به قول خود عمل می‌کنیم کودک ما را، چگونه می‌بیند؟

_____

بخش چهارم - چگونه با اقتدار مثبت والدگری کنیم

_____
_____

- آیا با فرزند خود صادق هستید؟

بله _____   خیر _____

در این فصل چه یاد گرفتید؟

_____
_____
_____
_____
_____

تصمیمات شما چیست؟

_____
_____
_____
_____
_____

یادداشت:

بخش پنجم

هنر انگیزه سازی

- آیا می‌خواهید فرزندان سازگار، ساکت، آرام و مطیعی داشته باشید؟

بله _____ خیر _____

- به آدم‌های خودساخته، با عزت‌نفس و موفق اطراف خود نگاه کنید؟ آیا در کودکی آرام مطیع و سازگار و ساکت بوده‌اند؟

بله _____ خیر _____

احساس استقلال:

احساس استقلال را می‌توان با دادن آزادی‌هایی در خانه که خطری برای جان کودک ندارد در او ساخت.

- **با یک مثال بنویسید که چه تصمیمی گرفته اید، که فرزندتان احساس استقلال کند؟**

_____

_____

بخش پنجم - هنر انگیزه سازی

- **موقعیت‌هایی که به فرزندم ممکن است احساس شک و تردید بدهم چیست؟**

مثال: زمانی که برای یک کار مشخص او را دعوا می‌کنم و اما یک روز دیگر برای همان کار او را دعوا نمی‌کنم. به او اجازه می‌دهم.

- **چه موقعیت‌هایی به فرزندم ممکن است احساس شرم کند؟**

مثال: زمانی که در مقابل آشنایان به دلیل اینکه کامل نمی‌تواند حرف بزند، به‌جای او حرف زدم یا جمله‌اش را کامل کردم.

— کدام از رفتارهای من ممکن است باعث حس توانایی در کودک من می‌شود؟

مثال: زمانی که کودکم می‌خواست کفش اش را خودش بپوشد و من با اینکه عجله داشتم، اجازه دادم او با آرامش خودش کفش اش را بپوشد می‌پوشید.

تفاوت تشویق و تحسین:

ستایش و تحسین برای ساختن شخصیت یک کودک نه‌تنها خوب نیست، بلکه مانند سم می‌ماند و درنهایت یک انسان **خودبین و قضاوت کننده** می‌سازد.

— برای اینکه فرزندم اعتمادبه‌نفس کاذب نگیرد تمرین زیر کمک خواهد کرد:

جملات زیر را بازنویسی کنید و از جملات جدید استفاده کنید؟ (در کتاب "وقتی به دنیا اومدی" توضیحات کامل داده‌شده است)

بخش پنجم - هنر انگیزه سازی

- آفرین تو چه بچه خوبی هستی!

_____

- تو چه پسر باهوشی!

_____

- شما چه دختر خوشگلی هستی!

_____

- کدام از جملات زیر تحسین و کدام تشویق است.

_____ من ، شمـارا که اینـقدر خوبی، به پارک می‌برم!
_____ به نظر می‌رسد که کاردستی درست کردن را دوست داری، چون خیلی وقت گذاشتی!
_____ حال که تمام غذایت را خورده‌ای چه احساسی داری؟
_____ وای چقدر لباس‌ات قشنگ است.
_____ این عروسک را خودت انتخاب کرده‌ای؟
_____ آفرین به تو پسر باهوشم که توانستی این پازل را حل کنی!
_____ تو خیلی پیشرفت کرده‌ای.
_____ ممنون که به من کمک می‌کنی.
_____ من به تو افتخار می‌کنم.

کیانا ۱

اگر تا اینجای این کتابچه را پر کرده‌اید باید به شما تبریک بگویم، همین‌الان برای خود یک چای به‌عنوان خسته نباشید درست کنید، بدانید که تعداد کمی از مادران و پدران هستند که نسبت به آینده فرزندشان تا این حد متعهد هستند. همه پدران و مادران خوب هستند اما گروهی از آن‌ها تا اندازه‌ای برای آینده فرزندشان اهمیت قائل هستند، که حاضر می‌شوند در خود نیز تغییرات خوب ایجاد کنند. تغییر بسیار سخت است اما تغییر به سمت مثبت باعث کمال است و به نظر من فلسفه هستی از داشتن و پروراندن فرزند، درک این موضوع مهم و رسیدن به کمال انسانی است.

قدرت بهبودپذیری:

احساس ارزشمندی به کودکان شجاعت این را می‌دهد که ریسک کنند و هرروز یک تجربه جدید را انجام دهند از بالا رفتن از پله‌ها بدون کمک گرفته تا پیدا کردن دوست در پارک.

سه داستان پیدا کنید که در آن پیروزی‌های بعد از شکست با تلاش حاصل‌شده است، این داستان‌ها باید قابل‌فهم برای بچه‌های ۲ تا ۳ سال باشد خلاصه داستان‌ها را اینجا بنویسید. زمانی که کودکتان به سن ۲ تا ۳ سالگی رسید از آن‌ها استفاده کنید!

داستان اول:

_____

_____

_____

_____

بخش پنجم - هنر انگیزه سازی

داستان دوم:

داستان سوم:

- در روز چند بار به کمک فرزندانمان می‌آییم؟ چند مرتبه، اگر تنها کمی صبر می‌کردیم کودکمان از پس آن کار برمی‌آمد؟

-نکته: زمان‌هایی که خطری فرزندمان را تهدید نمی‌کند، اجازه دهیم خودش تلاش اش را بکند.

الف- زمانی که کودکمان در انجام کاری مانند پوشیدن جوراب و یا ریختن شیر در لیوان به شکست برمی‌خورد، با کدام حالت از ما تقاضای کمک می‌کند؟

- ☐ بلافاصله با اولین تلاش ناموفق
- ☐ بعد از دو بار تلاش
- ☐ بعد از چند بار تلاش
- ☐ زمانی که عصبانی می‌شود
- ☐ اصلاً تقاضای کمک نمی‌کند، حتی اگر از انجام آن ناامید شود

توضیحات: در ذات انسان است که توانمندی خود را، به خود و اطرافیانش ثابت کند، اگر کودک شما برای بعضی امورشان با اولین تلاش ناموفق به سمت ما، برای کمک گرفتن، می‌آیند و انتظار دارند ما آن را برایشان و یا بجایشان انجام دهیم باید هوشیار باشیم که بیش‌ازاندازه از آن‌ها حمایت کرده‌ایم و اگر اصلاً تقاضای کمک نکنند و از انجام آن کار صرف‌نظر کنند بدین معنی است که زیاده از حد آن‌ها را به حال خود رها کرده‌ایم. بهترین حالت این است که بعد از چندین بار تلاش به سراغ ما بیابند و عصبانیت آن‌ها نیز نشانه بدی نیست بلکه نشانه انگیزه دار بودن آن‌هاست. آن زمان ما راه انجامش را به آن‌ها نشان خواهیم داد.

بخش پنجم - هنر انگیزه سازی

ب- زمانی که کودکمان در انجام کاری مانند پوشیدن جوراب و یا ریختن شیر در لیوان به شکست برمی‌خورد، با کدام حالت شما به او پیشنهاد کمک می‌دهید؟

☐ بلافاصله با اولین تلاش ناموفق

☐ بعد از دو بار تلاش

☐ بعد از چند بار تلاش

☐ زمانی که عصبانی می‌شود.

☐ زمانی که درخواست می‌کند.

☐ حتی زمانی که درخواست می‌کند کار را برایش انجام نمی‌دهم و فقط به او آموزش می‌دهم که خودش انجام دهد به او تنها دلگرمی می‌دهم.

سؤال الف و ب باهم مرتبط است اگر سؤال الف را گزینه اول، دوم انتخاب کرده‌ایم در بیشتر مواقع سؤال ب را نیز یکی از سه گزینه اول را انتخاب می‌کنیم. چون کودکانی که بلافاصله از طرف مادر و پدرانشان پیشنهاد نجات را می‌گیرند به اینکه خودشان از پس کارها برنمی‌آیند عادت می‌کنند؛

به فرزند خود بیشتر اعتماد کنید و کمتر از مهلکه‌ها نجاتش دهید.

زمان اشتباه کودک، هر پدر و مادری ناراحت می‌شود و واکنش‌های متفاوتی نشان می‌دهد.

ـ در کودکی اگر ظرفی را تصادفاً می‌شکستیم چه واکنشی به ما نشان می‌دادند؟

کیانا ۱

- اگر فرزند کوچک شما تصادفاً اشتباهی انجام بدهد، به او چه واکنشی نشان می‌دهید؟

- عشق بدون شرط را تعریف کنید؟

- در کودکی آیا در مدرسه و خانه به شما بچه بد یا شیطان و یا بچه بی‌ادب نسبت داده‌اند؟

- آیا وقتی فرزندتان کار اشتباهی می‌کند به او چه می‌گویم؟

☐ تو بچه بدی شده‌ای!

☐ این کار تو اشتباه بود!

- آیا فرزند شما از شما این سؤالات را از شما می‌پرسد؟

دوست ام داری؟

هنوز دوستم داری؟

من بچه بدی شدم؟

من بچه خوبی هستم؟

بله ______ خیر ______

اگر جواب شما به این سؤال بله است باید به شما بگویم که عشقتان مشروط است و نادانسته این احساس را به کودک داده‌اید که درصورتی‌که کار خوبی انجام دهد دوست اش دارید. برای تصحیح این احساس چه کنیم:

این جملات را جایگزین کنید.

جملات مخرب	جملات سازنده
- بچه بدی شده‌ای.	- این کار تو کار خوبی نبود
- دوست ات ندارم.	- این کار تو را دوست ندارم.
- بچه خوبی هستی	- این کار تو بسیار خوب است.
- این کار خوب را که می‌کنی بیشتر دوست ات دارم	- من همیشه تو را دوست دارم.

کیانا ۱

- در کودکی چه کسی شما را باور داشت؟

- چگونه این احساس را به شما داده بود؟ چه می‌کرد و یا چه می‌گفت که شما فکر می‌کنید شما را باور داشت؟

- وقتی با فرزندتان بازی می‌کنید چالش‌هایی که توانایی انجامش را دارد به او بدهید چند نمونه از این چالش‌ها را اینجا نام ببرید؟

بخش پنجم - هنر انگیزه سازی

بخش ششم

فرزند کامل بامغز کامل

- کودکان از زمانی که به دنیا می‌آیند، به‌طور طبیعی از دو نیم‌کره استفاده می‌کنند، اما به‌مرورزمان فعالیت‌هایی که تشویق به انجام آن‌ها می‌شوند و حساسیت‌هایی که مادر و پدر روی بعضی از مسائل مانند درس خواندن دارند، باعث می‌شود که کودک را به سمت رشد بیشتر یکی از نیمکره‌ها سمت‌وسو می‌دهند.

برای بچه‌های زیر ۳ سال به‌صورت علمی نمی‌توانیم تستی برای راست مغز بودن و یا چپ مغز بودن ارائه دهیم، اما شناخت پدر و مادرها به خودشان کمک می‌کند که درک بهتری از راست مغز بودن یا چپ مغز بودن داشته باشند و بتوانند با دانستن اینکه کدام بخش از مغزشان روی تصمیم‌گیری‌هایشان تأثیر بیشتری می‌گذارد به کودکان و خودشان کمک کنند که بخش چپ و راست را باهم و با تعادل رشد دهند.

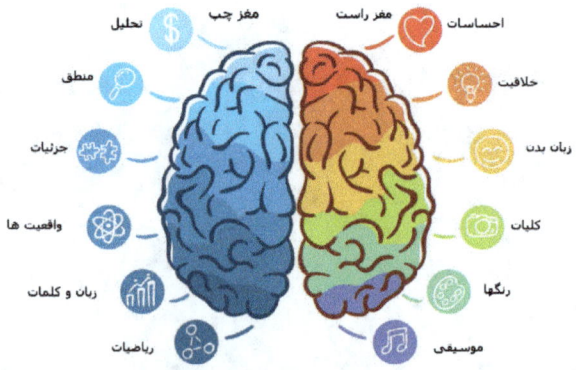

فصل ششم- فرزند کامل با مغز کامل

تست: آیا شما از مغز راست تان بیشتر استفاده می‌کنید یا از مغز چپ تان؟

نکته: در بسیاری از سؤالات ممکن است تصمیمات خانواده ما بر اساس نظر همگانی و یا نظر همسرمان باشد اما لطفاً بر اساس تصمیمات خانواده و شرایط آن به سؤالات جواب ندهید بلکه بر اساس تصمیماتی که خودتان به‌تنهایی و بدون تأثیر شرایط و جوابی که اول به ذهنتان می‌رسد، پاسخ دهید، این یک تست شخصی است و همسرتان نیز بهتر است جداگانه این تست را انجام دهد.

۱- بعد از یک روز خسته‌کننده، سر میز شام نشسته‌اید و فرزندتان هم خوابیده است، کسل به نظر می‌رسید، برای اینکه فکر خود را مشغول کنید، چه می‌کنید؟

☐ الف. رؤیاپردازی می‌کنم و یا مدیتیشن می‌کنم.

☐ ب. به یک دستور غذای جدید فکر می‌کنم که برای فردا درست کنم.

☐ ج. برای کارهای فردا و هفته آینده برنامه‌ریزی می‌کنم.

۲- همسر شما از شما می‌خواهد که یک مدرک را سریعاً در خانه برایش پیدا کنید؟

☐ الف. همه‌جا را زیرورو می‌کنید و نمی‌توانید به‌راحتی پیدایش کنید با خود می‌گویید یعنی این مدرک پا درآورده؟ کجا می‌تواند رفته باشد؟

☐ ب. از بین کشو به‌هم‌ریخته مدارکتان به‌راحتی دست می‌کنید و مدرک موردنظر را بیرون می‌کشید. دقیقاً باوجود به‌هم‌ریختگی می‌دانید کجاست!

☐ ج. دقیقاً می‌دانید که کجاست و مستقیم به سمت کشو مدارک می‌روید و او را که در پوشه مرتبی است درمی‌آورید.

۳- کودکتان را به پارک برده‌اید و به یک از دوستان دوران دبیرستان بعد از مدت‌ها او را ندیده‌اید برمی‌خورید، شما در لحظه اول:

- ☐ الف. می‌دانستید که روزی دوباره با او روبرو می‌شوید.
- ☐ ب. شما برایتان جالب است که از او بپرسید که چه‌کار می‌کند.
- ☐ ج. از زمان قدیم یادآوری می‌کنید و خاطرات خوبی که باهم داشتید را مرور می‌کنید.

۴- بیشتر اوقات چگونه لباس می‌پوشید و یا لباس انتخاب می‌کنید؟

- ☐ الف. سبک خاصی ندارم، لباس‌های مختلف را امتحان می‌کنم و پوشیدن مدل و رنگ‌های متنوع را آزمایش می‌کنم.
- ☐ ب. بر اساس مد روز لباس‌هایم را انتخاب می‌کنم.
- ☐ ج. یک سبک خاص دارم؛ که نه دوست دارم آن را عوض کنم و نه به مد علاقه خاصی دارم.

۵ – ساعت ۹:۳۰ شب روز تعطیل است و فرزند شما هم‌خانه پدر و مادر شما هستند و شما روی مبل مقابل تلویزیون لم‌دادهاید. دوستانتان به شما زنگ می‌زنند و به شما می گویند که‌یک کافی‌شاپ جدید در مرکز شلوغ شهر بازشده است و شمارا دعوت می‌کنند که نیم ساعت دیگر باهمسرتان به آنجا بروید:

- ☐ الف. خیلی از دعوتشان خوشحال می‌شوید، سریعاً به آنجا می‌روید و به آن‌ها می‌پیوندید.
- ☐ ب. آن‌ها را متقاعد می‌کنید که بجای کافی‌شاپ شلوغ به خانه شما بیایند تا باهم چای بخورید.

ج. بلافاصله رد می‌کنید و با خود می‌گویید دوست من چه فکری می‌کند، این موقع شب که برنامه‌ای به این عجله و بدون هماهنگی از قبل می‌ریزد.

۶- برای تعطیلات و مرخصی‌هایتان چگونه برنامه‌ریزی می‌کنید؟

الف. معمولاً از قبل خیلی برنامه‌ریزی خاصی نمی‌کنید و به جاده می‌زنید و به‌جایی که هیچ‌وقت نرفتید می‌روید. دوست دارید مسافرت شما با سری‌های قبل متفاوت باشد.

ب. از قبل وب‌سایت‌ها و آژانس‌های مختلف را می‌گردید و از دوستانتان پرس‌وجو می‌کنید تا بهترین مسافرت را با توجه به شرایط و بودجه‌تان پیدا کنید.

ج. بیشتر مواقع دوست دارید به یکجا و هتل مشخص بروید و هرسال به همان‌جا سفر می‌کنید. چون همه تفریحات را می‌شناسید و با آنجا آشنایی دارید.

۷- وقتی دوستانتان به نزد شما می‌آیند و دکور خانه و یا محل کارتان را می‌بینند، به شما چه میگویند:

الف. اینجا خیلی خلاقانه و قشنگ تزیین‌شده، این ایده را از کجا آوردی؟

ب. اینجا خیلی دنج و گرم و صمیمانه دکور شده.

ج. چقدر همه‌جا تمیز و مرتب هست.

۸ – به نظر شما الهام و حس درونی که گاهی به ما چیزی الهام می‌شود چیست؟

الف. یک هدیه عالی است که به ما داده‌شده است.

ب. یک نیروی مفید است و گاهی از آن استفاده می‌کنیم.

ج. یک نیروی خطرناک است که ما را به‌اشتباه می‌اندازد، نباید به آن توجه کرد.

کیانا ۱

۹- یک لباس زیبا در بوتیکی می‌بینید و عاشق آن می‌شوید، اما قیمت آن خیلی زیاد است؟

☐ الف. بدون اینکه فکر کنید آن را می‌خرید.
☐ ب. بااینکه می‌دانید نباید این کار را بکنید اما بالاخره بعد از کمی تأمل آن را می‌خرید
☐ ج. به خانه می‌روید تا حساب‌کتاب کنید ببینید آن را بخرید یا خیر؟

۱۰- معمولاً زمانی که قرار است با هواپیما به سفر داخلی و یا کاری که بسیار برایتان معمول است، (کاری که مرتباً انجام می‌دهید) بروید، کدام‌یک از گزینه‌ها هستید؟ می‌توانید این مثال را برای قرار با دکتر و یا رسیدن به اتوبوس جواب دهید.

☐ الف. یک‌جوری برنامه‌ریزی می‌کنید که اصلاً در فرودگاه معطل نشوید و بلافاصله تا رسیدید سوار پرواز می‌شوید. معمولاً همیشه لحظه آخر می‌رسید.
☐ ب. یک‌کمی زودتر می‌رسید و معمولاً ۱۰ دقیقه تا ۲۰ دقیقه منتظر سوارشدن می‌مانید.
☐ ج. معمولاً یک ساعت زودتر از اینکه هواپیما مسافر گیری کند آنجا حاضر هستید و منتظر می‌مانید.

جواب‌هایتان را به جدول روبرو منتقل کنید:

بررسی نتایج: اگر تعداد جواب‌های **الف** بیشتر از **ج** بود شما **راست مغز** هستید.
اگر تعداد جواب‌های **ج** بیشتر از **الف** بود شما **چپ مغز** هستید.
اگر بیشتر سؤالات جوابشان **ب** بود و یا **الف** با **ج** تقریباً برابری می‌کرد شما از هر دو طرف مغز به تعادل استفاده می‌کنید.

	الف	ب	ج
۱			
۲			
۳			
۴			
۵			
۶			
۷			
۸			
۹			
۱۰			
نتایج			

بهترین تصمیمات را چه کسانی می گیرند؟

بهترین تصمیمات را کسانی می‌گیرند که از هر دو طرف مغز به تعادل استفاده می‌کنند. اگر والدی هستید که بسیار راست مغز و یا بسیار چپ مغز هستید بدانید که فرزندتان را نیز به همان سمت سوق می‌دهید. پس تمام تلاشتان را بکنید که ابتدا در مغز شما و سپس در مغز کودکتان، تعادل را برقرار کنید. این کاملاً آموختنی و تمرین کردنی است.

تمرینانی که به کودک شما کمک می‌کند بخش چپ و راست باهم رشد کند؟

۱- تنوع در کنار حفظ روال‌ها

بر اساس بخش قبل که گفتیم که کودکان کوچک، از روال لذت می‌برند، روال بیشتر برای زمان‌بندی و ترتیب کارهاست اگر این روال را در غذاهایی که به او می‌دهیم، پارکی که او را می‌بریم و بازی‌هایی که با او می‌کنیم هم نگه‌داریم آنگاه کودک چپ مغزی پرورش می‌دهیم که خلاقیت را دوست نخواهد داشت.

مثال یک مادر کامل طبق روال همیشه بعد از خواب بعدازظهر با کودک اش به گردش می‌روند، یک روز به پارک می‌روند، یک روز او را به خانه خاله می‌برد و یک روز او را به استخر می‌برد. او در کمال رعایت روال فرزندش را با فعالیت‌های مختلف آشنا می‌کند.

- شما چه فعالیت‌های مشابهی در روز برای فرزندتان انجام می‌دهید که می‌توانید در عین حفظ روال‌ها در آن تنوع ایجاد کنید؟

فصل ششم- فرزند کامل با مغز کامل

۲- بازی بوها

- کودکتان از یک‌سالگی بوهای مختلف را تشخیص می‌دهد؟ با او بازی بو کنید؟ از او بپرسید چه بویی را حس می‌کند؟ می‌توانید سه شیء بودار مانند شیشه عطر، صابون، یک پرتغال را به او بدهید بو کند و بعد چشم‌هایش را ببندد و یکی را به دماغش نزدیک کنید و او وقتی چشم‌هایش را باز کرد به آن شیء اشاره کند؟ اصلاً مهم نیست درست یا غلط بگوید مهم این است که به بوهای فکر کند.

۳- اسباب‌بازی با کاربرد متفاوت

- از اسباب‌بازی‌ها با خلاقیت خود راه‌های دیگری برای بازی غیرازآن راهی که برای بازی با آن ساخته‌شده‌اند بیابید و کودک خود را نیز به این تشویق کنید. به‌طور مثال می‌توانید یک روز سطل‌هایی روی زمین بگذاریم و تمام اسباب‌بازی‌ها را بارنگ‌هایشان جدا کنیم

مثال : از بیلچه و سطل ماسه بازی، به جای ساحل در حمام آب بازی کنیم: در سطل آب بریزیم و در آن چند توپ پینگ‌پونگ یا حیوان‌های کوچک بندانیم تا با بیل نجاتشان دهد.

شما چه خلاقیتی به ذهنتان می‌رسد:

_____

_____

_____

_____

۴- صداها و موسیقی

یکی از فعالیت‌ها ریختن حبوبات و غلات مختلف به‌اندازه های متفاوت در شیشه‌های آب‌معدنی کوچک است.

- زمانی که در تخت اش است از بیرون اتاق صداهایی را درآورید و بعد به او نزدیک شوید:

۵- استفاده از هر دو دست و یا هر دو پا

با کودک نوپایمان می‌توانیم تمرین‌های راه رفتن جالبی کنیم

مثلاً یکبار با پای راست از پله بالا برویم یکبار با پای چپ

گاهی اوقات بعضی از اسباب‌بازی‌ها را به دست چپ او بدهید و یا اجازه دهید با یکبار با دست راست و یکبار با دست چپ کلید چراغ را بزند

شما یک بازی با استفاده از دودست و یا هردو پا بگویید؟

فصل ششم- فرزند کامل با مغز کامل

یکی دیگر از تمرینات، بازی هایی است که پا ها و دست ها بصورت ضرب دری قرار می گیرد. این یک ورزش خوب برای تقویت ارتباط بین مغز راست و چپ است:

برای بچه های کوچکتر بهترین راه گذاشتن اسباب بازی در سمت راست و تشویق او برای برداشتن اسباب بازی با دست چپ است و یا اسباب بازی را در سمت چپ بگذارید و از او بخواهید آنرا با دست راست بردارد.

برای بچه های بزرگتر، رقص باله و یا تمرینات یوگا می تواند بسیار کمک کند:

کیانا ۱

۱- زبان بدن

همیشه اصوات و شکلک‌هایی هست وقتی شما آن‌ها را درمی‌آورید آن‌ها لذت می‌برند و می‌خندند. نتایج را بنویسید. تاریخی که اولین بار این بازی‌ها را انجام دادید و واکنش کودکتان چه بود.

برای نوزادان می‌توانید این‌گونه تمرین کنید.

- با او بدون صدا فقط با حرکات صورت بازی کنید:

_____

_____

- بدون اینکه صورتتان را تکان دهید سعی کنید همان بازی را فقط با صدایش درآورید:

_____

_____

- گاهی فقط با حرکات دست با او بازی کنید.

_____

_____

(نکته: درصورتی‌که احساس ترس و ناراحتی در نوزاد دیدید آن بازی را ادامه ندهید.)

فصل ششم- فرزند کامل با مغز کامل

۲- تمرین تمرکز

- به بچه‌های ۴ ماهه به بالا ریسمان بدهید تا با آن بازی کند او انگشتانش را بکار می‌گیرد و از مغز راست و چپ هم‌زمان استفاده می‌کند

نکته: ریسمان بسیار خطرناک است بچه‌ها را با ریسمان تنها نگذارید.

- بازی لگدزدن به چیزهای مختلف می‌توانید یک بادکنک باشد.

- زمانی که توانایی نشستن داشت کاسه‌ها با سایزهای متفاوت باکمی آب در آن‌ها می‌تواند او را ساعت‌ها سرگرم کند.

- آینه یکی از بهترین وسایلی است که کودک در ۹ ماهگی می‌تواند ساعت‌ها سرگرم شود. آینه‌هایی ساخته‌شده که از پلاستیک بوده و برای بچه‌ها امن است.

تقویت حافظه:

- زمانی که یک‌ساله شد می‌توانید، پنهان کردن اسباب‌بازی‌ها در زیر لباس‌هایش در کف اتاق را بازی کنید و او یواش‌یواش یاد می‌گیرد که به خاطر بیاورد کجا اسباب‌بازی پنهان‌شده.

- دالی موشه یکی از بهترین بازی‌ها برای تقویت حافظه و ایجاد استقلال کودک است. این بازی را می‌توانید از ۴ ماهگی شروع کنید.

- در مراحل پیشرفته دالی موشک می‌توانید از قایم‌موشک استفاده کنید و مادر باید در خانه جایی مخفی شود و کودک او را پیدا کند از ۹ ماهگی و یا از زمانی که کودک راه افتاد می‌توانید شروع کنید.

نکته: در ابتدا این بازی را با فاصله کم و همراه با حرف زدن انجام دهید. متوجه حالات صورت کودک باشید، او نباید اصلاً احساس ترس از تنها ماندن کند. این بازی کمک می کند کودک یاد بگیرد، که مادر اگر چند ثانیه دور می شود ولی دوباره پیدا می شود. در مراحل اولیه کافی است، پشت یک پتو قایم شویم و سپس پشت دیواری که در کنار کودک است در حالی که با او حرف

می زنیم. بعد آرام آرام که به پیدا کردن ما اطمینان حاصل کرد، می توانیم فاصله را بیشتر کنیم و یا کم کم صحبت نکنیم. اما مطمئن باشید کودک نترسد و او را به هیچ وجه نترسانید.

- هرروز در مورد روزی که گذشت با آن‌ها صحبت کنیم، یادآوری کنیم که چه‌کارهایی انجام داده‌اند.

- در مورد کارهایی که قرار است تا چند روز آینده باهم انجام بدهید با آن‌ها صحبت کنید.

نکته: حتی اگر نوزاد باشد، بهتر است روال ها و کارهایی که در حال انجام دادن آن هستیم را برایش توضیح دهیم و با او حرف بزنیم. مادرانی که برای بچه هایشان حرف می زنند. کودکان آنها کمتر بدقلقی می کند و زمانی که به حرف می افتند، کلمات بیشتری برای صحبت کردن یاد می گیرند.

اگر در این مورد خاطره ای دارید بنویسید:

بچه ها شاید کلمات مارا متوجه نشوند اما لحن مارا حتماً یاد می گیرند.

- اگر می‌توانند حرف بزنند از آن‌ها بپرسید که امروز یا دیروز چه کرده و در هر فعالیت که به یاد می‌آورد چه احساسی یا چه حالی داشته است. مثال امروز خانه عمه وقتی رسیدی

اول چه کردی؟ یا پدر می‌پرسد امروز که من خانه نبودم نهار چه خورده‌ای؟ یا با مامان بیرون رفتی، در خیابان چه کسانی رو دیدی؟ هوا چگونه بود؟

- در مورد اتفاق‌های ناگواری که برای کودک افتاده است با او دوباره صحبت کنید.
مثلاً اگر دیروز از تاب افتاده و زانویش زخم شده است، از او بپرسید یادت هست چرا زانویت زخم شد؟ بله از تاب افتادی. یادت هست چه حالی داشتی؟ آره گریه کردی. چرا گریه کردی. بله عزیزم، می دانم درد گرفت. حالا هم درد می کند؟ خوب است که درد نمی‌کند. می‌خواهی حالا که زانویت بهتر شده دوباره بریم پارک؟

نکته: در تمام بازی‌های بالا بسیار با آرامی انجام دهید و مرتباً صورت و حالت‌های کودک را چک کنید، احساس تعجب و لذت بردن اشکالی ندارد اما اگر نشانه‌هایی از ناراحتی، ترس و گیج شدن در نوزادتان دیدی بازی را متوقف کنید و اجازه دهید که کمی بزرگ‌تر شود.

تمام بازی‌ها را با شرایط ساده شروع کنید و آرام‌آرام برای کودکتان شرایط را سخت کنید.

مهم:

- هیچ‌وقت کودک زیر سه‌ساله را نترسانید.
- او را غافل‌گیر نکنید.
- برای او شعبده‌بازی نکنید، که او نه‌تنها خوشحال نمی‌شود بلکه از دنیا ترسیده می‌شود و به دنیا بی اعتماد می

یادداشت:

بخش هفتم

پرورش هوش عاطفی یا EQ

اگر کودک در طول سال اول خود، مراقبت‌های سازگار و حساس را که بر نیازش دریافت کند،و همچنین به سیگنال هایش پاسخ داده شود، او باور می‌کند که امنیت و ایمنی دارد. باور او این می شود که همیشه کسی وجود دارد که نیازهایش را تأمین کند. این پایه و اساس برای توسعه **دل‌بستگی‌های امن** و اعتماد به دنیا است.

کودک نیاز به حساسیت و واکنش ما، به سیگنال‌هایش دارد. او به ما برای کمک به شناسایی احساسات خود نیاز دارد که یاد بگیرد آن احساسات را درک، تنظیم و کنترل کند. قبل از اینکه کلمات را کاملاً متوجه شود زمانی که اتفاق خوب یا بدی برایش می‌افتد، از زبان بدن ما و حالاتی که به صورتمان می‌دهیم، متوجه می‌شود که همدردی چیست و یاد می‌گیرد که احساسات مختلف چیست و زمانی که بزرگ‌تر می‌شود و زبان کلمات را می‌آموزد، هوش عاطفی یا هیجانی را با بیان عواطف از ما یاد می‌گیرد.

ایی-کیو یا هوش هیجانی عبارت است از توانایی شناخت احساسات، روان، عواطف و حالات درونی خود و دیگران، همچنین نام‌گذاری و کنترل رفتارها و تعاملات. ایی-کیو[1] یک هوش است، که دست‌یافتنی و آموختنی است.

به کودک خود کمک کنید تا کلماتی برای بیان احساسات خود پیدا کند و واژگان احساسی مناسب باحال و هوایش را یاد بگیرد. اگر او پریشان باشد، ممکن است بگویید، **"تو در مورد این موضوع عصبانی هستی، آیا این‌طور نیست؟"** شما همچنین می‌توانید به او بفهمانید که طبیعی است که احساسات متضاد در مورد چیزی داشته باشید. برای مثال، او ممکن است برای رفتن به یک پارک هم **هیجان‌زده** باشد و هم احساس **ترس** کند.

هوش عاطفی مقدمه آموزش مهارت‌های اجتماعی است.

- زمانی که فردی را نمی‌شناسید، آیا وقتی به او نگاه می‌کنید، از حالات او متوجه می‌شوید چگونه آدمی است؟ آیا این پیش گویی در مورد آدم شناسی تان معمولاً درست از آب در می آید یا خیر؟

_____

_____

---

[1] EQ **Emotional Intelligence**

فصل هفتم- پرورش هوش عاطفی

- آیا نگرانی همسرتان را بدون اینکه به شما حرف بزند می‌توانید تشخیص دهید؟

_____

_____

- از چه نشانه‌هایی برای تشخیص حالات روحی افراد استفاده می‌کنید؟

_____

_____

- زمانی که کودکتان گریه می‌کند می‌توانید نیاز او را درک کنید؟

بله _____   خیر _____

- زمانی که اتفاقی برای شما افتاده و شما بسیار عصبانی هستید، دوست دارید اطرافیانتان کدام از کارهای زیر را انجام دهند؟

☐ به شما بگویند دلیلی ندارد که این اتفاق شما را عصبانی کند.

☐ به شما بگویند که چه راهکاری انجام دهید که مشکل حل شود با اینکه به مشکل شما کاملاً گوش نداده‌اند.

☐ به شما بگویند بجای عصبانیت بیا بنشین ایمیل ات را چک کن یا بیا برو کودکت را ببر پارک تا حواست پرت شود.

☐ تنها به من گوش کنند و بگویند؛ می‌توانند مرا درک کنند و اگر کمکی از دستشان برآید دریغ نمی‌کنند.

- زمانی که کودک شما جیغ می‌زند و عصبانی است شما چه می‌کنید:

- ☐ به او می‌گویید نباید گریه کنی، گریه نکن، خوب چیزی نشده است.
- ☐ با اینکه دقیقاً نمی‌دانیم دلیل گریه‌اش چیست به او یک‌راه حل می‌دهیم.
- ☐ حواس او را پرت می‌کنید و به او پیشنهاد یک‌چیز دیگری می‌دهیم که گریه نکند.
- ☐ او را در آغوش می‌گیریم آرام می‌کنیم به او گوش می‌دهیم و به او می‌گوییم می‌فهمیم که چرا عصبانی است.

همان‌طوری که همه ما با راه‌حل آخر آرام می‌شویم و نیاز به این داریم که شنیده و درک شویم و در این صورت می‌توانیم خودمان مشکلمان را با آرامش حل کنیم کودکان ما نیز نیاز دارند که شنیده و درک شوند و با پرت کردن حواسشان قبل از اینکه آرام شوند دوباره زود عصبانی می‌شوند چون با پرت کردن حواس آن‌ها، فرصت یادگیری کنترل عصبانیت را از آن‌ها می‌گیریم.

تمرینات هوش عاطفی برای کودکان زیر ۱ سال:

- با صورت خود ادای کودک را دربیاورید. زمانی که می‌خندد شما هم بخندید و زمانی که از گرسنگی گریه می‌کند با صورت خود احساس ناراحتی می‌کند همان کار را انجام دهید.
- زمانی که کودکتان به حرف افتاد از واژه‌ها و اصواتی برای رساندن حرفش به ما استفاده می‌کند، می‌توانیم در خانه از آن کلمات و اصوات استفاده کنیم تا حس کند که او را درک کرده‌ایم. او به‌خوبی می‌تواند بفهمد که ما او را درک کرده‌ایم.

مثال: پسر من از ۶ ماهگی به‌جای اینکه برای شیر گریه کند صوت " اِه اِه " را استفاده می‌کرد و همسرم بلند می‌گفت: مامان اش بیا پسرمان اِه اِه می‌خواهد.

فصل هفتم- پرورش هوش عاطفی

- کودک شما اولین صوت یا کلمه معناداری که گفت چیست؟ و در چندماهگی بود؟

اصوات و کلمات که کودکتان از خودش در می آورد و مخصوص خود اوست:

- شما چه کلمات، اصوات و اداهایی که کودکتان از خودش بار اول درآورده را در خانه استفاده می‌کنید: لطفاً همه را ثبت کنید چون مطمئناً به ده‌سالگی که رسید آن‌ها را فراموش می‌کنید؛ نمی‌دانید در این سن ده سالگی به بعد، کودکتان چقدر دوست دارد که این نوشته‌ها را بخواند. و با خواندن آن‌ها بدانند،که او برای شما تا چه حد مهم است. (می‌توانید از صفحات آخر کتاب نیز استفاده کنید)

- زمانی که نوزاد شما رفتاری خوب انجام می‌دهد، با حالات صورت مثبت و کلمات تشویق‌آمیز به استقبال او بروید.

کارهایی مانند: وقتی او را در کالسکه یا تخت و صندلی ماشین می‌گذارید گریه نمی‌کند.

یا وقتی از خواب بیدار می‌شود خلق خوبی دارد و زمانی که می‌خندد.

تمرینات هوش عاطفی برای کودکان بالای ۱ سال:

- اگر کودکتان کار اشتباهی انجام داد برای آموزش او از جملاتی که با تو شروع می‌شود پرهیز کنید، به این نمونه‌ها دقت کنید و بعد جملات بعدی را تغییر دهید:

جملات اشتباه	جملات صحیح
تو نباید دفتر خواهرت پاره می‌کردی!	خواهرت بسیار ناراحت شد، وقتی دفترش پاره شد
تو چرا علی را زدی!	ما اصلاً اجازه نداریم کسی را کتک بزنیم
تو باید اسباب‌بازی‌هایت را به سارا بدهی	ما اسباب‌بازی‌هایمان را به دوست‌هایمان هم می‌دهیم.
تو کتاب ات را پاره کردی	من ناراحت شدم که
تو غذا ت را نخورده‌ای	
تو خیلی ترسویی!	
تو موهای برادرت را کشیدی؟	

درک احساس دیگران

پرسیدن سؤالاتی مثل

- علی ناراحت است! چه کارکنیم خوشحال بشود؟ آن
-خانم اوخ شده است؟ ببین داره چه‌کار می کند؟ به
- نظرت چرا آن بچه گریه می کند؟
- سارا داره می خنده؟ می دونی چرا؟
- تو به نظر عصبانی میایی؟ چرا؟

سؤالاتی که شما از کودک خود می‌پرسید را اینجا بنویسید؟

تمرین صفحه بعد یک بازی است، که به ما کمک می کند بهتر به حالات خود و زبان بدن خود واقف باشیم:

کیانا ۱

برای صورت های زیر، مانند نمونه چشم ابرو بکشید: راهنمایی می کنم می توانید از آینه کمک بگیرید:

| نگران | ناراحت | متعجب |

| خواب آلود | عصبانی | خوشحال |

| تنها مانده | متفکر | کنجکاو |

فصل هفتم- پرورش هوش عاطفی

تمرین:

جلو آینه بایستید و جمله زیر را با تمام حالات متفاوتی که در زیر آمده بگویید، بعد از یکبار تمرین، اگر تلفن تان مجهز به دوربین است از خودتان ویدیو بگیرید. هر حالت را در یک فایل یا ویدیو جداگانه ذخیره کنید.

[با اینکه من یک مادر / پدر توانا هستم، اما گاهی نگرانی هایی دارم.]

حالت عصبانیت به همسرتان.

حالت نارضایتی از شرایط و شکایت به مادرتان.

حالت آرام و درد دلانه با دوست صمیمی تان.

حالت عاجزانه و ترسیده که هر لحظه ممکن است اشکتان سرآزیرشود.

حالت راضی و در کنترل کامل شرایط.

حالت مغرورانه و بسیار مطمئن به خود.

سپس بگذارید بیشتر از ۲۴ ساعت بگذرد و صدای تلفن را قطع کنید و ۷ ویدیو به صورت نامنظم نگاه کنید. سعی کنید حالات خود را تشخیص دهید.

بخش هشتم

خوابیدن، خوردن، توالت

مادران و پدرانی که نوزادانشان را به خانه می‌آورند، در روزهای اولیه احساس می‌کنند که یک دستگاه خودکار بخوروبخواب و توالت کن به خانه آورده‌اند و مادرها بعد از این همه انتظار احساس می کنند که فقط کابَرهای این دستگاه هستند که ۲۴ ساعته باید مشغول باشند. نوزادان تازه به دنیا آمده در روزهای اول مخصوصاً آنهایی که از شیر مادر تغذیه می‌کنند، هر ۱ تا ۲ ساعت شیر می‌خواهند و هر وعده شیر خوردن ۲۰ تا ۴۰ دقیقه زمان می‌برد و ۲۰ دقیقه هم گرفتن بادگلو و مدت ۱ تا ۲ ساعت بعد دوباره گرسنه می‌شود و چون زودبه‌زود شیر می‌خورد، نیاز به تعویض مرتب پوشک نیز هست. گاهی مادر فرصت یک خوابیدن ۲ ساعته را هم نخواهد داشت؛ اما این دوران خواهد گذشت. شما به‌عنوان مادر و یا پدر از روزهای اولیه چه خاطراتی دارید؟

کیانا ۱

خوابیدن و خوردن و دستشویی کردن برای حیات لازم است، این‌ها یک سری عملکردهای طبیعی بدن هستند که به‌صورت طبیعی باید انجام‌پذیرند، اما اگر برای کودک و یا والدین بسیار مهم و بحث‌برانگیز و انگشت‌نما شوند به بحران تبدیل خواهند شد. در بعضی از مواقع به علت حساسیت بیشتر از اندازه والدین، این سه عملکرد تبدیل به ابزار جنگی می‌شود که کودک علیه والدین به کار می‌گیرد و متأسفانه والد هم به این مسابقه و مقابل هم قرار گرفتن دامن می‌زند.

خوابیدن:

یکی از بهترین راه‌ها گذاشتن نوزاد در تخت، قبل از اینکه کاملاً به خواب برود است. والدین زمانی که نیازهای کودکشان مثل شیر دادن، گرفتن باد شکم و تمیز کردن پوشک را انجام دادند، همین‌که خواب بر چشمان کودکشان آمد، او را در تختش بگذارند و از کنارش بروند. بعضی از والدین از اینکه کودک را تنها رها کنند می‌ترسند.
گاهی اوقات زمانی که کودک در آغوشمان در حال خوابیدن است می‌ترسیم او را در تختش بگذاریم که بیدار نشود و می‌خواهیم که وقتی خوابش عمیق‌تر شد او را به تختش ببریم و این باعث می‌شود که کودک خودش به‌تنهایی خوابیدن را یاد نگیرد.

کودکم زمانی که به دنیا آمده بود، کجا می‌خوابید؟

☐ در تخت خودش اتاق خودش
☐ در تخت خودش اتاق والدین
☐ در تخت والدین
☐ موارد دیگر _____

بخش هشتم- خوابیدن، خوردن و توالت کردن

- کودک شما در ماه اول هرچند ساعت بیدار می‌شد؟

- آیا تجربه جالبی در این زمینه دارید؟

- آیا خودش می‌خوابد یا شما او را می‌خوابانید؟

- چه مشکلاتی با خواب او دارید؟

کیانا ۱

- مشکلات تنها در اتاق خودش خوابیدن را بنویسید؟

- مشکلات در تخت شما خوابیدن را بنویسید؟

- مشکلات در تخت خودش اما در اتاق شما خوابیدن را بنویسید؟

بخش هشتم- خوابیدن، خوردن و توالت کردن

- شما چه راهی را دوست دارید؟ چرا؟

- برای مشکلاتش چه راه‌حلی دارید؟

- برنامه قبل از خواب شما چیست؟

- آیا قبل از خواب حمام کردن کودک را امتحان کرده‌اید؟

کیانا ۱

- کودک من دوست دارد در اتاق با نور زیر بخوابد:
  - ☐ بسیار تاریک
  - ☐ کاملاً روشن
  - ☐ تاریک با یک چراغ‌خواب
  - ☐ برایش فرقی نمی‌کند

کودک من دوست دارد اتاق چه دمایی داشته باشد؟

برای دو سؤال قبل یعنی نور اتاق کودک و یا دمای اتاق یا حتی صدای ملایم موسیقی می‌توانید بر اساس سلیقه کودک رفتار کنید، اما مهم است که شرایط مختلف را امتحان کنید ببینید کودکتان در چه شرایطی احساس راحتی می‌کند.

به‌طور مثال فرزند من در اتاق با دمای گرم و یا حتی معمولی احساس راحتی نمی‌کرد و ترجیح می‌داد دمای اتاق کمی سردتر از دمای معمول باشد و بهتر می‌خوابید؛ اما ترجیح می‌داد نور کمی مانند چراغ‌خواب روشن باشد، از حالاتی که نوزاد به خود می‌پیچد و یا نوع بی‌قراری زمان بیدار شدن می‌توانید تشخیص دهید که شرایط جدید را دوست دارد یا ندارد.

بخش هشتم- خوابیدن، خوردن و توالت کردن

اطلاعات بسیار مفیدی در مورد حالات بیداری و خواب نوزادان در وب‌سایت فرزندراه موجود است که می‌توانید با اسکن این بارکد آن‌ها را بخوانید:

/http://farzandrah.com/state-of-consciousness

- اصطلاح قبل از خواب شما در خانه چیست که بجای برو بخواب به‌صورت غیرمستقیم برای بچه‌های بزرگ‌تر از یک سال استفاده می‌کنیم؟ مانند "بوس بوس لا لا"

خاطرات و نوع خوابیدن کودکتان را در سه سال اول بنویسید:

کیانا ۱

بخش هشتم- خوابیدن، خوردن و توالت کردن

خوردن و کودک شما:

سال‌هاست انسان‌ها بین این دو راه یعنی شیر دادن با سینه مادر و یا شیر با شیشه اختلاف‌نظر دارند که کدام بهتر است.

- کودک شما با شیر مادر تغذیه کرد یا می‌کند و یا با شیر خشک؟

- تجربه جالبی که با او و شیر دادن به او داشتید چیست؟

- چه مشکلاتی داشتید؟

- تا چه سنی شیر مادر یا خشک می‌خورد؟

- آیا زیر سینه شما می‌خوابید؟

کیانا ۱

- اگر شیر مادر داده‌اید هر زمان شیر خوردنش چقدر طول می‌کشید؟

- آیا شیر آغوز را به فرزندتان داده‌اید؟

- تجربیات خود را برای شیر خشک بگویید؟

از حدود ۶ ماهگی کودک آماده پذیرش غذای جامد می‌شود، بسیاری از نشانه‌ها را از خود نشان می‌دهد مانند اینکه زمانی که خانواده در حال غذا خوردن هستند، به غذای آن‌ها علاقه نشان می‌دهد و دوست دارد با غذاها بازی کند و گاهی بعدازظهرها احساس گرسنگی دارد که با شیر رفع نمی‌شود و باعث تغییر در حالت‌های رفتاری مانند بهانه‌جویی می‌شود.

- اولین غذای جامد که به کودک دادید چه بود و چه تجربه‌ای داشتید؟

بخش هشتم - خوابیدن، خوردن و توالت کردن

- زمانی که غذاهای متفاوت را شروع کردید چه غذایی را از همه بیشتر دوست داشت؟

- آیا غذای خاصی بود که به آن لب نزند؟

- اقدامات قبل از غذا خوردن فرزندتان چه بود؟

- تاریخی که به او اولین بار غذای جامد دادید؟ او چندماهه بود؟ تجربه‌اش را بنویسید؟

کیانا ۱

- آیا فرزندتان به غذایی حساسیت داشت؟

....

- **آیا برنامه غذایی خاصی برای او دارید؟** (منظور هفته اولی است که غذا را شروع کردید)

هفته اول:
....

هفته دوم:
....
....

هفته سوم:
....

هفته چهارم:
....
....

هفته پنجم:
....
....

هفته ششم:
....
....

هفته هفتم:
....

بخش هشتم- خوابیدن، خوردن و توالت کردن

هفته هشتم:

هفته نهم:

هفته دهم:

- آیا مشکلی با غذا خوردن کودکتان دارید؟

بله _____ خیر _____

- اگر مشکل دارید و او کم‌غذا و یا بسیار سخت‌گیر است آیا

☐ شما و همسرتان بدغذا هستید و یا بعضی از غذاها را نمی‌خورید؟
☐ آیا به نظافت زیاد اهمیت می‌دهید و گاهی دوستانتان به شما می‌گویند وسواس دارید؟
☐ آیا زمان بارداری ویار بسیار سختی داشته‌اید؟

کیانا ۱

- آیا زمان آشپزی از کودکتان می‌خواهید با شما همکاری کند؟

بله _____ خیر _____

- چه کارهایی می‌توانید به او دهید؟

_____

_____

_____

او را با خود به سوپر و میوه‌فروشی می‌برید و با میوه‌ها و مواد غذایی، بوها ، رنگ‌ها و مزه‌ها و کاربرد آن‌ها آشنا می‌کنید؟

بله _____ خیر _____

- آیا اجازه می‌دهید با غذا بازی کند و خودش با دست به دهانش بگذارد؟

بله _____ خیر _____

- آیا خودش غذا می‌خورد؟

بله _____ خیر _____

- از کی غذا خوردن را خودش شروع کرد؟

_____

بخش هشتم- خوابیدن، خوردن و توالت کردن

- می‌دانید کودکان دوساله می‌توانند برای خود لقمه بگیرند؟ ساندویچ خود را درست کنند و با قاشق غذا بخورند؟

بله ــــــــــ   خیر ــــــــــ

- اگر هنوز کودکتان نمی‌تواند این کار را انجام دهد زمان آن رسیده که به او اجازه دهید خودش دست‌به‌کار شود.

توالت کردن:

در ابتدای کار بیشتر والدین هستند که در این زمینه آموزش می‌بینند تا کودکان! چون آن‌ها با توجــه به سرنخ‌ها، حالت بدن و صورت کودک سریع او را به توالت می‌رسانند و بعد از مدتی کودک یاد می‌گیرد که چه زمانی باید اعلام کند.

آیا زمان از پوشک گرفتن فرارسیده است؟
آیا این نشانه‌ها را می‌بینید:

- ☐ آیا فواصل خیس کردن پوشک کودک زیادتر می‌شود؟
- ☐ آیا بعدازاینکه از خواب بیدار می‌شود، پوشک او خشک است؟
- ☐ آیا زمانی که در حال توالت کردن در پوشک است، می‌ایستد و به صورتش و بدنش حالت تمرکز کردن بر کاری که می‌کند، می‌دهد؟

کیانا ۱

☐ آیا زمانی که پوشک اش خیس می‌شود بسیار احساس ناراحتی می‌کند ؟

☐ آیا ازلحاظ روانی به‌عنوان مادر و پدر آماده این مهم هستیم

- چه سنی این نشانه‌ها را مشاهده کردید؟

- چه اقداماتی برای گرفتن کودکتان از پوشک انجام داده‌اید؟ (چند مثال)

دو هفته مرخصی از کار گرفتم

یک توالت کوچک برای او تهیه کردم

به او آموزش دادم

یک سری پوشک معمولی که او را ناراحت می‌کنند برایش تهیه کردم

بخش هشتم- خوابیدن، خوردن و توالت کردن

خاطرات به‌یادماندنی خود را در این زمینه بنویسید:

- آیا برای از پوشک گرفتن فرزندتان با ادرار کردن او بیشتر مشکل داشتید و یا با مدفوع؟

- از روزی که تصمیم گرفتید به او آموزش دهید چند هفته زمان طول کشید؟

- آیا فکر می‌کنید برای گرفتن از پوشک کودکتان بیشتر از بقیه پدر و مادران مشکلات داشتید و زمان بیشتری طول کشید؟

بله ______ خیر ______

- اگر جوابتان بله است آیا شما و یا همسرتان

- ☐ آیا به نظافت زیاد اهمیت می‌دهید و گاهی دوستانتان به شما می‌گویند وسواس دارید؟ و اگر کودکتان توی ماشین و روی لباستان زمان آموزش مدفوع کند بسیار ناراحت می‌شوید و ممکن است واکنش نشان دهید
- ☐ آیا مسئله توالت کردن فرزندتان تبدیل به یک نگرانی عذاب‌آور برای شما شده و حس می‌کنید اعتمادبه‌نفستان را ازدست‌داده‌اید.

بخش هشتم- خوابیدن، خوردن و توالت کردن

☐ بیشتر صحبت‌های روزمره شما حول این محور است.

☐ آیا هر بار که او موفق می‌شود و توالت اش را به‌موقع اعلام می‌کند به او پاداش می‌دهید و یا برای این کار جایزه تعیین کرده‌اید.

☐ آیا هر زمان از توالت و محیط توالت صحبت کرده‌اید از کار کثیف صحبت کرده‌اید و یا صورتان حالت چندش‌آوری داشته است.

☐ آیا زمان توالت کردن مرتباً به او گیر می‌دهید که به چیزی دست نزند چون محیط کثیف است.

☐ آیا جدول دارید که آمار دستشویی کردن و نکردن‌هایش را می‌گیرید. (مادری یک کاغذ در دستشویی گذاشته بود که هر بار کودکش اعلام می‌کرد یک برچسب ستاره به آن می‌زد) تمام‌کارهای بالا باعث ایجاد استرس در کودک می‌شود و باعث‌یادگیری دیرتر او می‌شود.

- آیا محیط توالت و دستشویی شما

☐ تمیز است

☐ برای کودک زیبا و جذاب است

☐ دست اش به روشویی آب می‌رسد (اگرنه برایش ۴ پایه تهیه‌کرده‌اید)

کیانا ۱

- [ ] یک صابون مایع خوشبو مخصوص او دارد که به او انگیزه دهد.
- [ ] حوله با طرح و رنگی که خودش انتخاب کرده برای خشک‌کردن دستش دارد.
- [ ] یک سبد کوچک از اسباب‌بازی‌هایی که دوست دارد آنجا است.
- [ ] بچه‌ها از سر پا متنفرند آیا برایش قصری یا توالت کوچکی تهیه‌کرده‌اید که بتواند خودش روی آن بنشیند؟

موارد بالا کودک شما را تشویق می کند که زودتر توالت کردن را یاد بگیرد.

موارد خوب دیگر که به فکر شما می‌رسد را اضافه کنید:

_____
_____
_____
_____
_____
_____

بخش هشتم- خوابیدن، خوردن و توالت کردن

- کودک شما در کدام یک از سه زمینه زیر کمترین وقت و انرژی را از شما گرفت:

☐ خوردن
☐ توالت کردن
☐ خوابیدن

- کودک شما در کدام یک از سه زمینه زیر بیشترین وقت و انرژی را از شما گرفت:

☐ خوردن
☐ توالت کردن
☐ خوابیدن

آیا تاکنون به این فکر کرده‌اید که به دوستانی که باردار هستند و یا اگر نوزادشان به دنیا آمده است بجای شیرینی و یا گل این کتابچه را به همراه با کتاب "وقتی به دنیا اومدی" آن به والدین آن‌ها هدیه دهید.

بخش نهم

سخن آخر

آرام کردن یک کودک که در اواسط شب فریاد می‌کشد، بسیار سخت‌تر از آن است که به نظر می‌رسد! سعی کنید به یاد داشته باشید که این سختی‌ها است که از ما مادر و پدر می‌سازد. در زندگی روزهایی هست که مادر و پدر هر کاری می‌کنند، نمی‌توانند بفهمند نوزادشان چرا ناآرامی می‌کند و دردش را نمی‌فهمند. نگران نباشید اگر این اتفاق بیفتد. کودک شما می‌فهمد که شما سعی می‌کنید، درد او را بفهمید. به یاد داشته باشید: کودک شما برای رشد سالم و طبیعی به یک والد همه‌چیزتمام نیاز ندارد، او به والدینی نیاز دارد که تلاش خودشان را می‌کنند.

باهم بزرگ شویم:

با تبریک به والدینی که برای تشویق فرزندانشان به یک رفتار خوب و پسندیده، ابتدا خودشان آن رفتار را انجام می‌دهند و در مسیر بزرگ شدن فرزندشان آن‌ها نیز رشد می‌کنند. من اطمینان دارم شما یکی از این والدین هستید.

کیانا ۱

- آیا شما در راه پرورش کودکتان در شخصیت خود بهبود و پیشرفتی دیده‌اید؟

بله _____ خیر _____

- فکر می‌کنید در چه زمینه‌هایی تغییراتی در شما به وجود آمده است؟

_____

_____

_____

- آیا این تغییرات را در همسر خود را نیز دیدید؟

بله _____ خیر _____

چه تغییراتی

_____

_____

_____

سخن آخر

- آیا حس می‌کنید افسردگی بعد از زایمان گرفته‌اید؟

بله _____ خیر _____

- این افسردگی را چه تغییراتی در شما به وجود آورد؟

_____
_____
_____

- چگونه می‌خواهید با آن مبارزه کنید و انرژی و مثبت اندیشی یک مادر و یا پدر را برگردانید، اقدامات خود را بنویسید:

_____
_____
_____
_____
_____
_____

- آیا از والد گری خود لذت می‌برید؟

بله _____ خیر _____

درست است که یادگیری شیوه‌های فرزند پروری بسیـار مهم است اما یادمان باشد که والدگری باید از قلب باشد. من به‌عنوان یک مادر اگر قرار اسـت، راهنمای خوبی برای فرزندم باشم تا او بتواند راهش را پیدا کند در درجه اول باید با قلب یک مادر یا پدر که سرشار از عـشق بدون شرط است این کار را انجام دهم.

این قلب است که شب‌های بی‌خوابی را تحمل می‌کند، این قلب است که درد کولیـک را می‌فهمد، این قلب است که دلـیل بی‌قراری‌ها را می‌فهمد و این قلب است که رابطه عمیق عاطفی را می‌فهمد و باعث می‌شود فرزند ما در تمام دوران زندگی راه بهتر را انتخاب کند چون باوجود چنیـن والدینی و چنین رابطه و دل‌بستگی امنی همیشه احساس مهم بودن و متعلق بودن را در قلبش دارد.

- نقاط قوت نوزاد خود را بربشمارید؟

سخن آخر

- نقاط قوت خود را به‌عنوان یک والد بشمارید:

- نقاط قوت همسر خود را به‌عنوان یک والد بشمارید:

- سه نکته مهم که از این کتاب آموختید و به یاد دارید و بکار بسته‌اید را بنویسید:

۱-

۲-

کیانا ۱

۳-

لطفاً این سه نکته را به همراه عکس کودک خود در کنار کتاب "وقتی به دنیا اومدی" به صفحه اینستاگرام فرزندراه ارسال کنید. هرماه به سه نفر از منتخبین کتاب فرزند پروری ۴ تا ۶ سال هدیه داده می‌شود.

این صفحات جهت ثبت حالات کودکتان است.

- زمانی که هر کاری را برای اولین بار انجام داد.
- زمانی که با یک مشکل مواجه شدید و این مشکل چقدر زمان برد و برای آن مشکل چه راه‌حلی را پیش گرفتید.
- یادداشت‌هایی که ممکن است برای بچه دوم شما و یا بچه‌های دیگر مفید باشد
- کلماتی که برای اولین بار به زبان آورد؟
- روزی که حس کردید اولین بار خنده از روی اختیار می‌زند؟
- بیماری‌هایی که کودکتان با آن‌ها روبرو شد؟ احساس شما؟
- علایقش، صداهایی که درمی‌آورد، عاداتش و بازی‌هایی که با او می‌کنید را بنویسید؟

اکنون‌که فرزندم ۱۱ ساله شده، بسیاری از این اتفاقات را فراموش کردم اما آرزو می‌کردم جزئیاتش را جایی نوشته بودم

تاریخ ---------------

تاریخ --------------

تاریخ -----------------

تاریخ ----------------

تاریخ ----------------

تاریخ ----------------

تاریخ ----------------

تاریخ -------------

تاریخ -----------------

تاریخ -----------------

تاریخ -------------

تاریخ ---------------

تاریخ ---------------

تاریخ ----------------

اگر مایل هستید در مدرسه فرزند پروری ما شرکت کنید، کافی است به این آدرس مراجعه کنید:

Farzandrah.ir

در قسمت محصولات " فرزند موفق – والدین خوشحال " را انتخاب کنید

در این محصول آموزشی می‌خوانید:

- چگونه فرزندانمان بدون دعوا و داد و غر زدن به ما گوش کنند.

- چگونه در خانه آرامش را برقرار کنیم. این محصول برای مادر و پدرهایی طراحی‌شده است که از دعوا و آشوب در خانه خسته شده‌اند از استرس اینکه چرا فرزندانشان با آن‌ها و دیگر خواهر برادرانشان سر قدرت دعوا دارند.

- در این دوره آموزشی یک سری استراتژی‌ها آموزش داده می‌شود ستون اصلی فرزند پروری است و برای همه بچه‌ها با هر خلق‌وخویی کاربرد دارد. به شما راهکارهای یک مادر قاطع مثبت بودن را آموزش می‌دهد.

- جلسات پرسش و پاسخ رایگان و عضویت در کانال تلگرام برای مادر و پدرانی که این دوره را تهیه می‌کنند، تدارک دیده شده است.